NÃO HÁ TEMPO A PERDER

TORDSILHAS

AMYR

KLINK
NÃO HÁ TEMPO A PERDER

AMYR
NÃO HÁ TEMPO A PERDER
KLINK
EM DEPOIMENTO A ISA PESSOA

TORDSILHAS

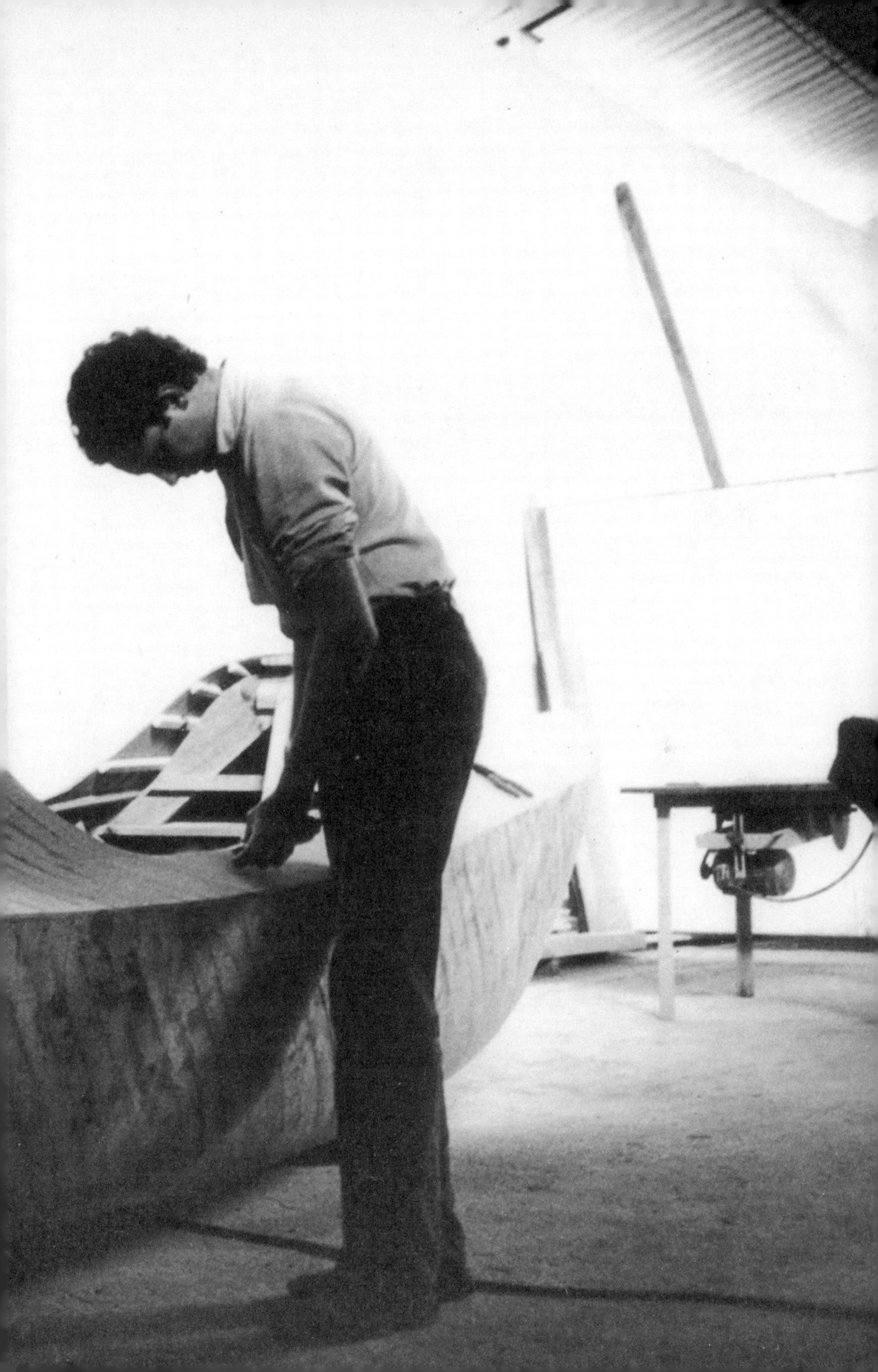

"Fico imaginando quanto frio, quanta solidão você vai passar, quanto medo. Medo, meu irmão, a gente passa por isso. Acho que o grande "corajoso" é aquele que tem plena consciência de seu medo, e, sendo esperto, sabe administrá-lo".

De Hélio Setti Júnior para Amyr,
em carta escrita "para ler navegando".

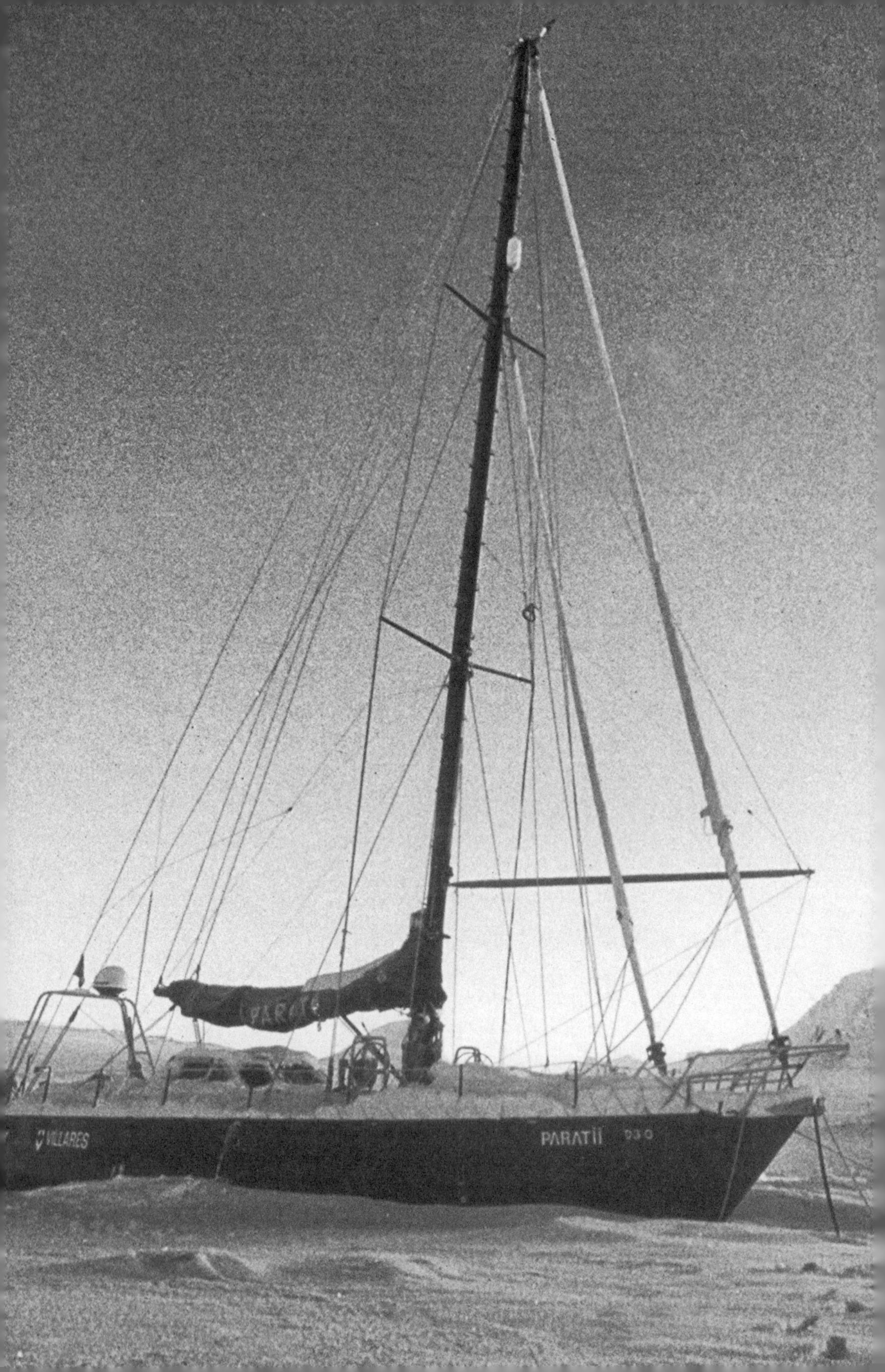
PARATII
VILLARES
PARATII

- 11   O PIOR LUGAR DO MUNDO
- 15   À DERIVA
- 37   COMANDAR E CEDER
- 57   BREVE ESTÁGIO NO INFERNO
- 69   OURO DE MINA
- 79   DOSSIÊ AMARELO
- 95   ONDE ELES MORAM
- 115   SAINDO DO QUINTAL
- 125   UNHAS E DENTES
- 145   UM ERRO NA PERGUNTA
- 157   PERIGOSA CALMARIA
- 167   UM ANO, UMA VEZ NA VIDA
- 177   MEU REINO POR UMA CANOA

Vista aérea da baía de
Jurumirim, em Paraty.

O PIOR
LUGAR DO
MUNDO

Já estava escuro e chovia, quando saí da casinha na baía de Jurumirim, naquela última noite do ano. Não era um bom dia para partidas. Eu estava tenso, com medo, aquela mistura de nervosismo e excitação que acontece quando a gente sai para uma longa viagem. É uma ansiedade não apenas em relação ao que vai acontecer, mas ao trabalho que foi feito. E eu havia me preparado durante cinco anos, construindo o *Paratii*, com autonomia de quarenta meses para estadias na Antártica. Preferia partir sem me despedir, mas fui surpreendido pelo Bio, o rapaz que cuidava da casa.

Não quis dizer que estava deixando o Brasil naquela noite. Ele podia fazer uma cena, pedir para eu trazer uma lembrancinha, ou um aumento. Não gosto de despedidas. Assim, só pedi ao Bio que no dia seguinte consertasse a janela quebrada da cozinha. Ele disse que era sexta, que iria pescar. Então no sábado, falei. Respondeu que tinha que ir para a igreja, no domingo também. Percebeu minha irritação e jurou, jurou pela mãe, que na segunda-feira a janela estaria consertada.

Retornei quase dois anos depois. Um inverno inteiro na Antártica, uma temporada completa no Ártico. Saltei no mesmo pedaço de areia de onde saíra, em frente à casinha que não tem luz elétrica nem estrada que dê na cidade. Poderia estar voltando de uma ida ao centro de Paraty, mas desembarcava depois de 642 dias e 27 mil milhas percorridas, mais que 50 mil quilômetros. Nada havia mudado. Andei pela fachada e encontrei a mesma janela. Quebrada.

Fiquei estarrecido. Bio só podia ter morrido. Fui andando até a casa dele, sem tirar as botas de neve que usava há 72 dias. Ele não estava em casa. Perguntei ao seu cunhado: "Reginaldo, onde é que está o Bio, ele morreu?" "Não senhor", ele respondeu sorrindo, dizendo que o Bio tinha saído para pescar. "Mas então porque ele não consertou a janela? Eu pedi faz quase dois anos!" Com a maior inocência, e até certo ar de ingenuidade, ele tentou me explicar:

— O senhor não vai acreditar, seu Amyr, mas é que não deu tempo!

Quando ouvi Reginaldo na tarde mansa de Jurumirim, 22 meses e um mundo depois da noite da partida, ficou cristalina a certeza de que a única coisa que não podemos resgatar é o tempo, e o lugar mais perigoso onde eu já pisara era Paraty.

Amyr em Estocolmo,
na Suécia, nos anos 1970.

À DERIVA

Você não tem ideia do tempo precioso que perde quando está empurrando um projeto contra a burocracia, a falta de recursos, as dúvidas, o cansaço, os problemas diplomáticos, o desconhecimento técnico. Você sempre tende a ser positivo e acha que "eu mereço, eu vou me esforçar, vai dar certo". Não. Há situações em que você sabe que não pode desperdiçar tempo algum, não pode deixar para depois, senão vai morrer. Isso acontece em alto mar, onde ninguém tem o direito de dormir antes de resolver um problema. Se na hora de comandar um projeto tivéssemos essa certeza, seríamos muito mais competentes. Todos seríamos.

Gosto de entender como as coisas funcionam, não só no mundo dos barcos. Na minha atividade, nos relacionamos com as áreas mais diversas do conhecimento, desde a mecânica, a eletrônica, a geografia e a física até a nutrição, a meteorologia, a gestão financeira. Quando colocamos projetos em prática, constatamos que podemos mudar, refazer, consertar milhares de coisas. Quase tudo, na verdade – com exceção do tempo. Uma hora perdida é uma hora perdida. Esse é um bem não reciclável, indomável, que não podemos possuir. Já tentei muitas vezes, fiquei fascinado pela ideia de possuir o tempo. Mas não vamos conseguir, por mais que nos esforcemos, alterar o tempo já vivido. O pior é que perdemos consciência dessa grandeza – do escoamento contínuo de possibilidades – quando trabalhamos sem um propósito, quando estamos à deriva.

A busca por segurança total é uma ficção, assim como a liberdade sem limites nos engana. Podemos nos considerar seguros, confortáveis, vendo televisão no sofá, postando fotos no facebook, adiando decisões importantes só por mais um dia, mais uma hora, sem plena consciência do risco. O tempo escorrendo. E há o risco de você não seguir adiante com aquele plano, não apostar na ideia. Não insistir, construir, finalizar. Para quem ficou de braços cruzados em Jurumirim, o mundo simplesmente não saiu do lugar. Se a gente não se movimenta, não persegue, não arrisca, as coisas continuam do mesmo modo onde sempre estiveram.

Sempre que deixei o Brasil para realizar alguma viagem mais complexa, ou aparentemente impossível de ser levada a cabo, alguns amigos, conhecidos, desconhecidos, não hesitaram em aconselhar que eu desistisse: "isso não vai dar certo!". Os maiores problemas que enfrentamos nem sempre são de natureza financeira ou técnica – o desânimo e as opiniões negativas também nos agridem de forma espetacular. É muito fácil encontrar desculpas para não fazer as coisas. Achar motivos para deixar para amanhã ou deixá-las como estão. É fácil cruzar os braços e ficar esperando soluções de algum lugar fora daqui. Sorte? Você é que constrói suas oportunidades. Novos caminhos não vão aparecer pela sorte.

O fato de ter recursos limitados, de sempre estar lutando contra a escassez, me ajudou a ser mais criativo e buscar soluções econômicas, inovadoras. Na época da construção do *Paratii* eu estava sempre devendo, sempre enroscado financeiramente – e assim nasceram muitas ideias interessantes. Descobrimos que o uso do compensado poderia ser eficiente e que havia um material mais barato e eficaz do que o tradicional antiderrapante para convés, que custa muito caro. Se eu tivesse o dinheiro abundante com que sonhava, tenho certeza de que teria cometido centenas de erros.

O processo de aprendizagem é assustador, mas saudável. A limitação financeira pode nos ajustar para soluções mais inteligentes, enquanto a falta de limite nos engana facilmente. É uma liberdade imaginária, falaciosa. Ficamos escravos de uma não fronteira, que construímos para nós mesmos, como uma falsa ideia de poder sobre o tempo.

A abundância de recursos pode ser perigosa para um projeto. Na invernagem à Antártica, por exemplo, em 1989, construí um barco com mais de três anos de autonomia – e eu deveria ficar fora um ano e meio. O que a gente pensa numa situação dessa? Está sobrando autonomia! Planejei quarenta meses porque é preciso considerar que todo tipo de problema pode acontecer, numa viagem polar. Portanto, é necessário prever que o seu tempo de estadia pode ser o dobro do inicialmente planejado, ou até maior. Se o barco entrar numa baía no verão e acabar o vento, por exemplo, o mar vai congelar rapidamente e só será possível sair dali no verão seguinte.

Pois os quarenta meses de autonomia, naquela viagem, foram o maior risco que o projeto correu. Nos três primeiros meses, pelo fato de já ter encerrado a parte mais difícil do planejamento e execução, de ter me instalado na Antártica e desfrutar de toda a abundância de recursos, não fiz o controle minucioso de tudo que consumia. Eu tinha que gastar 165g de óleo diesel por hora para gerar energia elétrica, para fazer calor no barco, fazer água e iluminar o *Paratii*. Não tomei cuidado e, quando fiz o primeiro balanço de combustível, tive um choque.

Eu estava gastando mais de dez vezes o previsto, e por coisas aparentemente sem importância! Falava no rádio duas vezes por semana com o Brasil, e assim as baterias eram carregadas duas vezes. Dois dias da semana eram gastos só para gerar energia. Além disso, todos os dias eu fazia entre quarenta e cinquenta litros de água, quando o meu consumo na verdade era inferior a dez litros. Dá muito trabalho fazer a água. A gente tem que derreter a neve. Tem que pegá-la, pôr num balde no sistema de aquecimento e, vinte horas depois, fica pronta a água. Onde estava o desperdício? Os vinte ou trinta litros que sobravam congelavam logo em seguida. Aparentemente eu não estava perdendo nada porque, na Antártica, tem neve sem fim. Lá estão 80% da água doce do planeta sob a forma de gelo e neve. Mas eu estava perdendo a energia que tinha gasto para fazer a água.

A aparente liberdade em relação ao tempo também me pregou uma surpresa quando fiz a travessia a remo, aos 29 anos de idade. Naquele primeiro mês, depois de ter passado pelas capotagens na saída da África, me senti aliviado. Era tão inexperiente que dei uma relaxada na agenda do dia. Podia remar quantas horas quisesse, vagabundear o quanto bem entendesse, dormir o tempo que conseguisse. Me senti livre no oceano, o rei do Atlântico. Pensava que podia ficar remando sem parar, durante doze horas, por exemplo, e no dia seguinte não fazer nada ou o que sentisse vontade. Só que o trabalho não rendia.

A previsão era vencer, em média, 34 milhas por dia, um esforço equivalente a empurrar um fusca no plano durante dez horas, todos os dias. Mas só estava conseguindo alcançar, a muito custo, 25 milhas, ou 50 quilômetros. Era muito aquém do desempenho necessário. Se deixasse por conta de minha disposição, não funcionava. Nada prosperava daquela forma tão caótica, em que vivia refém da falta de regras, de uma falsa liberdade. Quando resolvi adotar uma legislação trabalhista, em que passei a ser profissional do meu próprio projeto, consegui avançar.

Defini jornadas de oito horas diárias de trabalho, com limite máximo de duas horas extras de remo. Também delimitei o horário das refeições, limpeza do barco, intervalos para o sono. As menores coisas são importantes para se progredir, cada milímetro de esforço conta. Passei a acordar às duas horas da manhã, tomava café e remava duas horas e meia sem parar. A cada quinze minutos parava para descansar, até a hora de dormir. Aprendi a ter apreço pela rotina – a palavra é ruim, mas faz parte da natureza do ser humano. Dormir e acordar, comer a intervalos regulares, atender suas necessidades básicas, fisiológicas, cotidianas. Enquanto acreditava ser capaz de fazer qualquer tarefa, apenas obedecendo a vontade, estava me enganando.

Quando optei pelo curso de Economia na USP, me encontrava numa situação indefinida, sem determinação, sem propósito – entrei à deriva. Foi um ano pior que o outro. Naquela época o Segundo Grau, preparatório para o vestibular, o equivalente ao atual Enem, se dividia entre Clássico e Científico. Se você escolhesse o Clássico, estudaria ciências humanas para se candidatar ao vestibular de História, Economia, Sociologia etc. Já o currículo do Científico se concentrava em matérias ligadas às ciências exatas, preparando os alunos para os vestibulares de Engenharia, Matemática etc. Eu queria construir coisas, pensava em estudar algo ligado à Engenharia, mas depois de um atrito com o professor de química acabei com notas ruins na matéria. Para não perder o ano, fiz o Clássico e optei pela Economia. No vestibular passei para duas universidades e escolhi a USP. Que pesadelo.

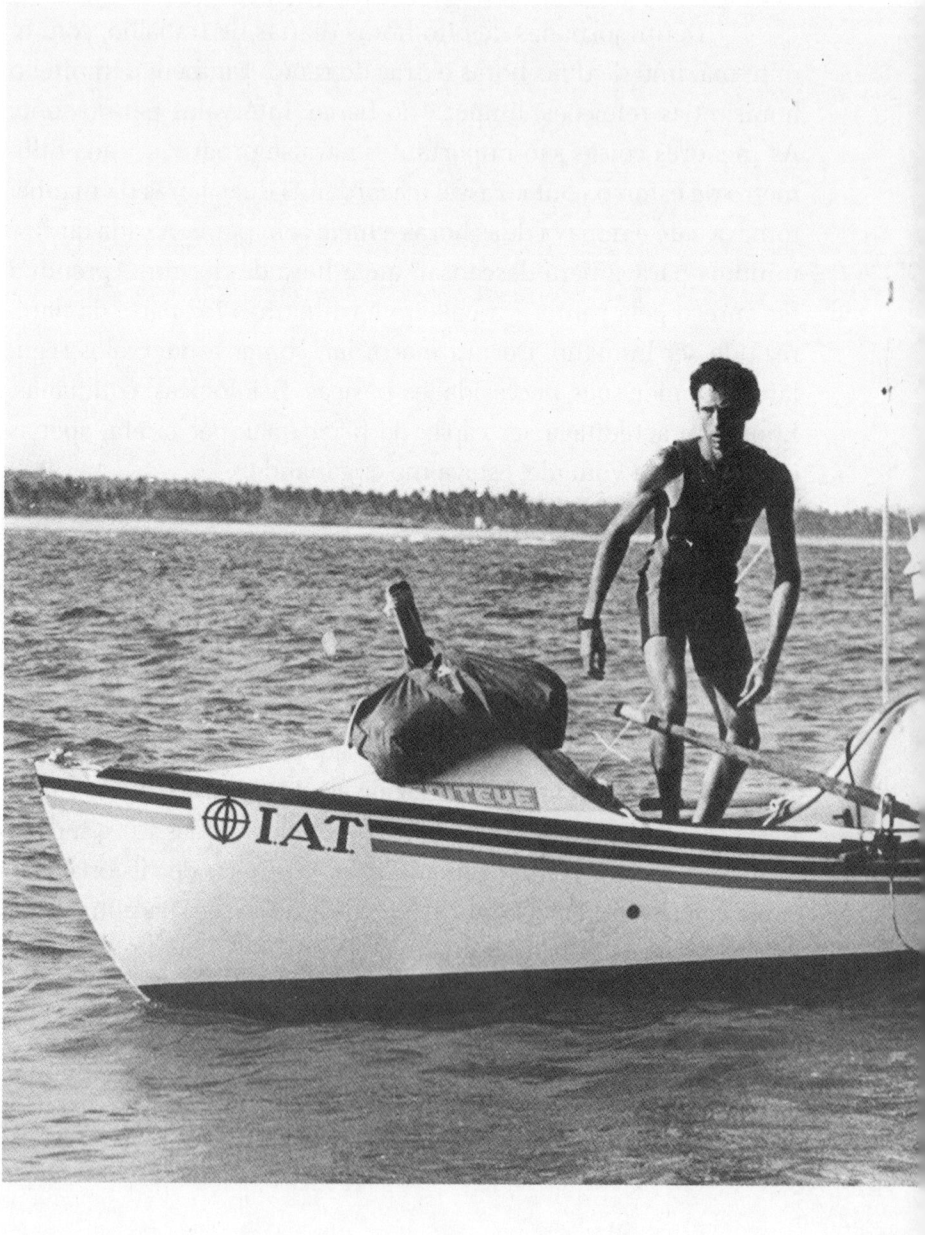
I.A.T.

A coragem necessária não era
para atravessar o Atlântico, mas
perseverar todos os dias.

É muito difícil para um moleque de dezessete anos definir a atividade que irá exercer, às vezes para o resto da vida, num país instável e caótico como o nosso, que supervaloriza a formação acadêmica. Não temos essa cultura do curso técnico, que existe na Alemanha, onde 50% dos alunos entre quinze e dezenove anos optam por esse curso ao invés do superior. Por quê? Porque assim ingressam mais cedo no mercado de trabalho, terão como se sustentar rapidamente e, se precisarem, mais tarde poderão seguir em busca de outras atividades. A obsessão deles não é ter o canudo, ser doutor, a obsessão deles é saber fazer bem feito. No Brasil, menos de 6% fazem essa opção. A gente quer ser doutor, não fazedor.

Não cultivamos a experiência do fazer com as próprias mãos, e esta é uma das explicações para se entender porque um país produz menos. Porque viemos de uma cultura escravocrata, do ter alguém para fazer, do mandar fazer, do ser bem servido. Não cultivamos a arte do fazer, a expressão cultural do ser humano. Não temos curiosidade e respeito pelo que outros fizeram. Montar, desmontar, entender como as peças se encaixam, se gastam ou podem ser reaproveitadas: esse é um trabalho que não nos interessa. Queremos pronto, e que alguém faça. É a síndrome do colonizado, não consegue conceber nem praticar a vivência da execução. Qualquer teoria é valorizada em detrimento da prática.

Não adotamos a autonomia como um processo de aprendizagem sobre coisas – das quais você necessariamente não gosta. Você não gosta de mecânica, por exemplo, mas tem uma bicicleta. Não precisa saber fundir, montar as rodas, mas é importante saber consertá-la, colocar a mão na graxa se necessário for, da mesma maneira que precisa costurar a mochila que rasga, ou falar inglês e outras línguas se quiser ganhar o mundo, viajar e conhecer pessoas.

Fico impressionado, no Brasil, com a pouca atenção que se dá ao estudo de línguas estrangeiras. Meus pais falavam seis línguas. Uma vergonha que um país, incrustrado no continente em que se fala espanhol, inglês e francês, não tenha essas línguas de forma obrigatória no currículo escolar, desde o primário. Esse desprezo que o brasileiro tem pelas línguas, inclusive a dos seus próprios vizinhos, se desdobra não apenas na comunicação oral, mas nas línguas universais da criação – o desenho, as artes, a linguagem da programação...

A USP era uma universidade de referência, onde, no final dos anos 1970, já estavam todos os atores da política brasileira, como Delfim Netto, Affonso Celso Pastore, João Sayad, Eduardo Suplicy, Fernando Henrique Cardoso. Mas o curso era horrendamente ruim. Pobre. O currículo e a carga horária de outras faculdades, como a PUC, onde eu tinha amigos com quem conversava sobre o assunto, me pareciam muito mais eficientes e rigorosos. Na USP nunca fomos obrigados a fazer um trabalho. Alunos de Economia que nunca aprenderam a elaborar um plano de negócio.

Ninguém nunca nos ensinou a montar um banco, nem uma banca de vender pipoca. Como é que faz para abrir uma franquia? Eu não sabia nada de nada. Era o antiempreendedorismo por excelência. Como ensinar o público a se dar bem sem fazer muito esforço. Como entrar para o concurso do Banco do Brasil e salvar sua pele para o resto da vida. Esta era a espinha dorsal do currículo da USP. Chegava ao final do segundo ano, quando me dei conta. Minha mãe, não existe nada na Terra tão ruim quanto esse curso. E só havia um jeito de sair dali, que era terminando. Eu tinha essa vontade de começar e concluir sempre, começar e concluir. É muito fácil não chegar ao fim.

Decidi terminar. Não pensei em parar. Queria ter uma certa independência em relação ao meu pai. Não vou querer levantar esse assunto em casa, pensei – agora vou encerrar. Tenho essa angústia de nunca ver terminadas as coisas, porque meu pai era uma usina de começar empreendimentos que nunca seriam concluídos. Genial, visionário, mas imaginava projetos para daqui a cinquenta anos, que ele sabia que não iria executar, talvez nunca quisesse. Como aquele sujeito que constrói um barco para dar uma volta ao mundo mas sabe que nunca vai embarcar.

O que precisa fazer para concluir? Já coloquei dois anos da minha vida aqui, vou terminar. Tirava nota mínima e ía para a próxima matéria. Comecei a adiantar matérias do ano seguinte. Surgiu quase uma indignação de não tocar para frente, o que para muita gente talvez fosse até mais fácil. Mas acredito que, quando você consome tanto tempo numa direção, aposta tanto, chega um momento em que perde um pouco a razão de desistir. Você precisa ir até as últimas consequências.

Se tiver que desistir, também – já desisti. Milhares de vezes. Acho muito perigoso ser obcecado. Sou cabeça-dura, vou insistir. Mas se enxergar que não existem possibilidades de se fazer, paciência. Não tenho receio algum em cancelar uma viagem se não tiver convicção de que ela possa acabar bem. Tem gente que perde a razão. Vai, mesmo sabendo que não tem condições – e se dá mal.

Talvez seja uma conjuntura brasileira ou circunstância cultural moderna, com tantas facilidades e opções, mas hoje parece mais fácil desistir, transferir, chegar em casa e anunciar: "acho melhor parar com isso e escolher outra faculdade". Naquela época a gente não tinha tanta opção. Para mim, seria uma enorme frustração moral ter investido dois, três anos da minha vida e não poder transformar aquele esforço num acontecimento real.

Ao entrar na USP, comecei fugindo dos veteranos sem saber que o trote – ou a luta para escapar dele – me abriria os olhos para um mundo que até então eu desconhecia. Em meados da década de 1970, a onda era raspar o cabelo dos calouros, mas de jeito nenhum eu deixaria aquilo acontecer. Minha mãe contava que até os seis, sete anos de idade, eu nunca tinha cortado o cabelo. Em algum momento tivera uma briga com um barbeiro e daí para frente nunca mais ninguém pôs a mão no meu cabelo. Quando cresci, mesmo que andasse cabeludo, eu mesmo o cortava, e às vezes mal pra caramba... Não importa – o que jamais deixaria era que um bando de veteranos mexesse no meu cabelo.

Passei a chegar de manhã bem cedo, de moto, para encontrar uma janela aberta. Entrava no prédio pelo vidro e me sentava na última fileira da última sala. Chegava antes de todo mundo e, na hora de tomar o café no intervalo, já estava disperso o corredor polonês para atacar os calouros. Depois de quatro meses de aula, eles desistiram.

Nesse período em que fiquei fugindo dos veteranos, entrando por vários lugares do prédio, descobri uma atividade que começava às quatro da manhã. Percebi que havia uma raia olímpica onde, no escuro, de madrugada, um monte de gente limpava barcos e remos. Era todo mundo sério e todos os dias, sem exceção, eles saíam para correr, dando a volta até o prédio da Biologia – o que totalizava um percurso de oito quilômetros em subida. Que diferença em relação ao mundinho que eu começava a frequentar naquela faculdade. Fiquei apaixonado pelo remo.

Paixão porque em tudo era diferente do que faziam os caras da USP. Em tese a USP é uma universidade para atender quem não tem recursos, mas eu só encontrava milionários na minha escola. Havia uma distorção naquilo ali. Também me parecia contraditório o pessoal do centro acadêmico, vindo de motorista para fazer greve contra um aumento de alguns centavos no almoço do bandejão, que custava 68 centavos. No remo não havia essas contradições.

Era um universo onde existiam compromissos inadiáveis, calendários, estratégias. Treino todo dia, três horas na água. Esse mundo começava às 4h da manhã e às 7h15min acabava. Eu adorei aquilo. Quase ninguém que vinha treinar tinha carro. Um deles era sócio de uma loja de sapato, trabalhava no Baixo Augusta, todo mundo andava de ônibus, ía na zona... Os caras do remo tinham uma existência de verdade. Nenhum deles estudava na USP. Aluno da USP não acorda três e meia da manhã pra entrar na água fria e carregar barco nas costas.

No remo, encontrei um sujeito que foi muito importante pra mim, o nosso técnico Arlindo Donato. Ele era um economista da USP, que dedicou a vida inteira ao remo no clube Espéria. É uma grande pena que esse clube não o tenha reconhecido. Deixou de ser empresário para formar uma equipe de ponta do remo. Era um sujeito difícil, a gente tinha medo dele. A primeira coisa que me disse foi :"você aí, quer remar? Pega esse calção e dá duas voltas em torno do prédio da Biologia. Vai correr." E me fez correr quatro meses. Sem discussão. Sem me deixar encostar num barco. Eu pedia: posso ajudar a enxugar os barcos quando saírem da água?" Não. Entendi que ele estava me testando e resolvi testá-lo também.

Fui levando uma série de nãos. Pedia: "Posso ser patrão?" Não. "Posso ir na lancha?" Não. "Posso ajudar a levar o barco pra água?" Não. E aí todo dia eu pedia para fazer uma função cada vez mais baixa. "Posso guardar os remos?" Não. "Posso limpar os remos?" "Posso enxugar os remos?" Não. "Posso lavar o banheiro?" Não. E só depois de muitos meses de treino, ele me colocaria para correr num barco de iniciação olímpica. Hoje, qualquer um que vá num clube de remo pode se matricular num curso e sentar num barco olímpico. Mas ele, o Arlindo, pensava diferente.

Era preciso que a gente cultivasse uma espécie de disciplina, em relação às várias etapas do percurso. Era preciso compromisso. Primeiro começaríamos a remar numa iole, que é uma embarcação larga, mais ou menos como um barco de crianças bobinhas que não sabem remar direito. É um tipo de barco bonito, mas é tão grande que você rema, faz uma bruta força e não precisa equilibrá-lo. E eu queria remar naqueles barcos fininhos, que vêm voando. Neles o remo entra na água, bate, e quando sai volta com a velocidade do barco mais o retorno do seu próprio peso. A pá funciona como uma asa que equilibra o conjunto. Você equilibra o barco com a força do ar passando.

No time treinado pelo Arlindo, você só poderia entrar no barco olímpico depois que fizesse a iniciação na Federação de Remo e, para tanto, precisava participar de uma prova nacional numa iole de quatro, que mais parecia uma baleeira. Éramos mais leves do que os caras inimigos, do Tietê, do Corinthians, do Paulistano. Mas éramos todos altos e muito flexíveis, com uma remada longa. Treinamos muito, e vencemos a regata. Foi uma iniciação feliz. Ganhamos a competição, ganhei um grande amigo, o Hermann, companheiro de outras viagens e, depois de cinco meses, ganhei o respeito do técnico.

O Arlindo era duro, autoritário, mas engraçado, todos os dias repetia algumas expressões clássicas, como a que ficou famosa em nosso grupo: "para um barco ficar competitivo precisa bater mil horas na água". Mil horas é um ano, 365 dias. Não podíamos parar de remar no Natal, no dia em que a mãe morreu, no dia em que a namorada foi atropelada. Não parar nenhum dia. Mil horas na água. O Arlindo dizia isso todo dia. Mil horas...

Foi uma escola tremenda. A história de faltar porque "ai, estou com gripe, uma dor de cabeça horrível", isso não existia. Na USP o aluno estava com dor de cabeça, ía na farmácia, aproveitava para pegar uma piscina, para jogar tênis, para passear na ciclovia... Parecia que a gente estava em Mônaco. No remo não tinha isso. Vai remar gripado. "Ah, a bunda está em carne viva, está sangrando", vai remar até formar calo na bunda, era o que Arlindo repetia.

Era um técnico que exigia disciplina em todas as tarefas e depois do treino, no fim de semana, todo mundo era obrigado a lavar o banheiro do clube. Éramos dez, contando o patrão e o técnico, e todos participavam da limpeza, que era para valer mesmo. A faxina também devia ser impecável, tirávamos até a sujeira entre os azulejos. Nenhum clube, nenhum treinador exigia isso. E, depois, ainda sentávamos pelados para comer quatro melancias, dúzias de laranjas, uma caixa de manga. Era um grupo de gente de verdade, com quem eu adorava conviver. Arlindo nos ensinou a importância do rigor e da colaboração entre a equipe – só assim podia funcionar no remo.

O remo é um esporte físico de demanda tão intensiva que, se você ficar cego de esforço da metade para frente, entra em colapso, apaga e o barco pára. Aos poucos consegui vencer o nervosismo dos dias de regata. "Será que vou aguentar? Será que vou pifar antes do final?" Porque mesmo que você não faça força, precisa estar no mesmo ritmo do grupo, pondo e tirando o remo d'água, mesmo que dê uma remada mais curta, mas se você apagar, um remo bate no outro e quebra, o barco pára e não cruza a linha.

"Um bom companheiro de remo precisa conseguir a mesma velocidade e equilíbrio que você, sentir o barco da mesma forma, e é preciso treinar muito para conseguir essa coesão. Lembro que a gente treinava a respiração, fechando os olhos, buscando ajustar o ritmo preciso, remando no mesmo movimento de braços e pernas. O Amyr era o melhor entre os melhores. Não perdia um treino, não falhava. Podia estar frio, sentindo dor, podíamos ter virado a noite trabalhando, ou em alguma festa, se fosse o caso a gente ía direto e dormia no chão do clube, pra não perder a hora de acordar para o treino. Fizemos muitas viagens juntos, e sempre nos entendemos bem porque deixávamos as regras claras.

"Na primeira viagem longa que fizemos de hobie cat, de Salvador para Santos, ninguém tinha experiência. Levamos só comida enlatada e biscoitos, arrumamos três bolsas com os mantimentos e saímos pro mar. Aquela foi uma aventura. Ficamos cheios de alergia na pele, levamos uma baita surra, uma tempestade em Porto Seguro arrancou o mastro e chegamos a remo. No escuro, com vento e com o barco balançando, tem que ter muito controle para entender o que está acontecendo, consertar, agir rápido. Sem gritar, sem reclamar. De nada. Amyr é duro na queda. Essa viagem levou 22 dias, e em tanto tempo num espaço de quatro metros quadrados um podia se irritar com o outro. E nenhum de nós costuma dar o braço a torcer. Mas nada, nunca, foi grave.

"Amyr suporta os momentos de tensão sem entrar em crise. Sempre foi calmo, frio. Nunca vi o Amyr em pânico – e eu o conheço há quarenta anos. Já navegamos juntos, fomos sócios vários anos. Ele sabe tudo de barco, entende o mar, negocia com os ventos, as estrelas, as correntes. Ele me ensinou muitas coisas, e sempre de forma sutil. Sou descendente de sérvio e croata, sou mais expansivo, e ele é infinitamente mais sutil do que eu – gosta de dizer as coisas através das ações, dando o exemplo. O Amyr aprendeu a domar seus medos."

Hermann Hrdlicka
Administrador, economista e velejador.

Ainda era um ignorante completo sobre o mar quando fiz a primeira viagem sozinho. Acabara de comprar a *Rosa*, uma das minhas primeiras canoas. Nove metros talhados de uma única tora de madeira, de linhas perfeitas. Ainda hoje a *Rosa* está pronta para qualquer jornada, mora debaixo de uma mangueira na praia de Jurumirim. Nossa primeira viagem foi de Santos para Paraty – sem mapa, sem nada, um desastre. Perdi um monte de quilos em 48 horas. Mas não teve nada a ver com o tempo, ondas gigantes, ou pânico a bordo.

Já ouvira falar da linda canoa, feita de madeira nobre, protagonista de aventuras famosas na região. Mal conheci a *Rosa* e me apaixonei por suas curvas elegantes, seu estilo apurado. Fechei o negócio na hora e quis trazê-la eu mesmo, da ilha de Santo Amaro para casa. A travessia não aparentava ser perigosa, nem foi

Hermann Hrdlicka e Amyr em São Paulo, 1996.

a responsável pelo maior problema daquela estreia. O fato é que minha mãe preparou um arroz com linguiça, que deixei exposto ao sol durante horas, e mesmo assim o tracei todo na hora da fome. Foi uma ziquizira daquelas. Queria mais é que a viagem demorasse, para eu conseguir me recuperar antes da chegada em terra firme.

Nunca navegara antes pelo mar. Nunca nadei bem. Mar era fonte de pavor quando eu era criança. Ainda muito pequeno, meu pai nos levou a uma praia em Guarujá. Levei um caldo, comi areia e quase me afoguei. Tomei pavor. Até meus pais ficaram preocupados de eu nunca mais querer saber de mar. Lembro de ouvir meu pai comentando: "esse garoto não vai prestar para o mar".

Ainda na infância, morando em Paraty, aos poucos fui percebendo como era preciso aquele plano d'água que tínhamos em volta da cidade – e muitas vezes dentro dela, quando a água do mar entrava com a subida das marés, saindo depois de algumas horas, lavando as ruas. Comecei a me interessar pelas canoas da região, por sua beleza, pelas pessoas que viviam daquela atividade. O que era assustador, de repente se transformou num caminho para onde eu queria ir. E apesar do contratempo da primeira travessia com a *Rosa*, fiquei animado para outras, entusiasmando o pessoal do remo para fazermos o mesmo percurso. Vamos? Todo mundo ficou encantado.

A ideia era pegar a iole, a velha baleeira, encher todos os seus espaços vazios com isopor, e remar de Santos para Paraty em dois dias. Desenhei a rota. Fiquei tentando organizar a turma, mas a história nunca andou. A gente se organizava para ir para Santos, mas íam três, o quarto não ía. No outro fim de semana, quatro poderiam viajar mas o patrão não podia. Teve um feriado. Algum outro motivo para adiarmos. Mas a verdade é que ninguém vestiu o projeto.

Ninguém pensou, calculou, planejou como fazer. Que ideia é essa? Quanto vai custar? Cada um vai poder contribuir com X? Quando? Temos que alugar um caminhão para levar o barco até Santos, ou uma carreta seria melhor? Sem isopor o barco afunda, então, além de morrer, a gente vai ficar devendo um barco para o clube – onde e quando vamos arranjar esse isopor? Ninguém abraçou a ideia, e essa foi minha única experiência que não foi feliz com o pessoal do remo. Pelo menos ficou na memória, caso exemplar de falta de compromisso que não deixa a gente seguir adiante.

O explorador norueguês
Roald Amundsen, em 1912

COMANDAR
E CEDER

Você consegue o compromisso das pessoas demonstrando o seu próprio. Se a viagem de Santos pra Paraty com os amigos do remo, aquela que nunca aconteceu, tivesse acontecido, acredito que a liderança teria sobrado para mim. Fui atrás de tudo, do isopor para encher o barco, do remo, da rota, da comida, do transporte para levar o material até Santos. Mas não houve o engajamento inicial do grupo. Se fosse uma meta do nosso chefe Arlindo, talvez acontecesse. Talvez naquele momento nem eu estivesse tão comprometido assim com o projeto.

A verdade é que sou bastante tímido, não me dá prazer algum comandar pessoas, dar ordens, tudo o que eu puder fazer sem que ninguém perceba, entrar e sair sem que ninguém veja – eu prefiro. Prefiro ficar na cozinha, no fundo da sala, prefiro que ninguém saiba que eu entrei. Desde criança sou assim. E me incomoda zero. Adoro ser assim, adoro ser tímido, de verdade. Mas há situações em que me envolvo diretamente, como na construção de um barco. Quando me dou conta centenas de pessoas em vários lugares do mundo estão trabalhando comigo. E um dos aspectos mais interessantes que venho percebendo entre os líderes eficientes não é a idealizada capacidade de comandar, o carisma, mas a capacidade de ceder.

Um líder de equipe precisa conseguir o engajamento de todo mundo. Você pode até conseguir o engajamento no grito, na base hierárquica. Tenho visitado muitas instituições como a AFA, Academia da Força Aérea, e outras ligadas ao Exército ou à Marinha. Para tais setores a hierarquia é um dos valores máximos, mas a hierarquia sem uma dose muito importante de compreensão, de capacidade de ceder para saber o que se passa por um comandado, não alcança a mesma grandeza.

Os líderes mais competentes são aqueles que têm capacidade de sacrificar a vontade própria. Esta qualidade é muito maior do que as faculdades necessárias para mandar, arrancar as pessoas da cadeira, chicotear, fazer e acontecer.

O sujeito que comanda precisa conhecer a base. É engraçado quando você vê uma pessoa que tem o sonho de dar a volta ao mundo, mas sem descer de sua posição de dono do barco, coordenador do processo, de líder da instituição. Há quem não consiga descer, e isso fará muita diferença na produtividade da equipe. Se você simplesmente chama a atenção de quem está trabalhando na parte de hidráulica — mas está tudo vazando! —, sem nunca ter montado um circuito, sem saber como é complicado operar o sistema hidráulico, não vai conquistar autoridade genuína junto à sua equipe.

O líder precisa saber fazer, ou pelo menos ter tentado, constatado, que não é capaz de fazer. Eu, por exemplo, não sei soldar. Já tentei, sou um desastre. Sei como é difícil fazer isso. Não posso ficar martirizando uma pessoa que não faz uma solda impecável porque não vou conseguir, se tentar. É fundamental se colocar na posição de quem está abaixo. Não é uma tese minha. É uma tese de várias empresas. Não gosto muito do modelo americano, do McDonald's, por exemplo. Mas é genial que o sujeito que vá ser presidente e líder máximo de uma corporação como essa tenha que passar, obrigatoriamente, pela chapa e pelas outras etapas do processo. Ele tem que ter esfregado a barriga na gordura, tem que ter visto como funciona uma máquina de fritar...

Uma das maneiras de conseguir coesão de equipe é compreender o trabalho do outro. Num barco, sempre alternamos todas as funções: comando, cozinha, limpeza, meteorologia, manobra e mecânica. Todo mundo em algum momento assume um turno em outras áreas. Porque eu durmo períodos tão pequenos? Porque todo mundo precisa estar atento. Por que faço questão de lavar o banheiro? Por ser uma questão absolutamente irmã. O problema é de todos. É fundamental o rodízio de funções a bordo, que cada um faça o que não gosta de fazer, para compreender as dificuldades do trabalho do outro e entender melhor a sua própria posição.

É uma forma de todo mundo aprender uma coisa nova. Por isso compartilhamos tudo num barco. O sujeito que está na cozinha pode achar que quem está no comando não trabalha duro, se não tiver exercido aquela função. Quem não cozinha também pode se enganar, supondo que facilmente domina a arte de administrar panelas e comidas. Temos um amigo que sempre viaja conosco, ele cozinha bem, mas não é cuidadoso. Entra na cozinha com um machado, vai lascando o peixe com o facão, corta a pia, quebra coisa, mas tem tanta boa vontade que as qualidades superam os problemas.

Outra coisa educativa é que num barco não há como mudar a equipe, e com os anos fui descobrindo que não existe ser vivo que não possa de alguma maneira ser colaborativo. O desafio de quem comanda é identificar onde o outro pode colaborar. Já fizemos viagens com tripulantes incrivelmente desqualificados, eu inclusive já estive em embarcação durante viagens em que não tinha condições, nem conhecimento, para participar. Mas pode funcionar, se o líder consegue descobrir quais são as habilidades de seus tripulantes.

Como no barco a vida é promíscua, você não consegue esconder seus vícios, defeitos, se tem algum problema de índole, ou mesmo se não tem nenhum. Não há como esconder, em uma questão de dias você se revela para o grupo. Durante o sono você vai revelar quem é, na hora de cozinhar, na crise, na calmaria. Não tem como esconder quem você é de verdade. Controlado, controlador, dissimulado, preguiçoso, não tem como iludir seu grupo. Os líderes mais inteligentes são aqueles que sabem esperar, sabem pensar no conjunto, extrair o que cada um tem de melhor.

O médico Fábio Tozzi, grande amigo nosso, é exemplo de um dos sujeitos mais competentes e divertidos com quem já naveguei. Ganha todo mundo no charme, conquistou um leque de amizades absolutamente heterogêneo – conhece desde príncipes, reis e banqueiros até chefes de quadrilha do PCC. É um supernavegador, mas quando vai para o turno da noite, ronca descaradamente. Você entrega a vida do seu barco para ele, e o sujeito fica dormindo, no meio do trânsito dos navios, no meio das ilhas, no meio dos *icebergs*... Ele fica roncando! E se você o acorda, ele dá risada e diz: "mas tá tudo bem!" Ou seja: você pode dar um turno para ele, sabendo que terá que vigiá-lo o tempo inteiro. Mas Fabio compensa esse espírito perigosamente otimista com iniciativas e qualidades impressionantes.

Tripulante disputado entre cem navegadores, ele não se assusta com nada que quebra, com problemas que acontecem em cadeia. Rasga um pano, aciona o motor e não pega, liga a bomba mas ela não esgota, entra água no óleo do filtro, o parafuso espana na hora de trocar o reparo. Ele dá risada e refaz a rosca. Consegue ficar calmo, tem habilidades mecânicas raras, vai resolvendo tudo, uma coisa de cada vez. Com os anos eu fui entendendo porque ele consegue reagir ao estresse a bordo com tanta naturalidade e competência.

Médico que já fez sete mil amputações de pernas e braços, no comando de intervenções cirúrgicas em ambientes de extrema miséria, sem recursos, sem anestesia, ele aprendeu a lidar com a morte de forma muito próxima – e adquiriu controle extremo para enfrentar situações-limite. Ele já me chamou para assistir cirurgias e amputações, e fiquei pasmo com o sangue frio do sujeito. Sua profissão exige que aja com eficiência em condições muito precárias. E ele consegue interagir com o doente de uma forma cativante. Já vi o Fábio conversar com um paciente e fazê-lo rir minutos antes do homem entrar numa operação em que iria amputar as duas pernas.

"O Amyr é um homem sério, fala baixo, impõe respeito. Pede para eu responder os emails de todos que o procuram, mas às vezes ele mesmo não quer conversar com ninguém. Vai para a oficina, atrás do escritório, e fica horas sozinho, organizando peças, polindo materiais... A oficina é um refúgio, para ele que não para de pensar".

Soraya Silva
38 anos, assistente de Amyr desde os 18.

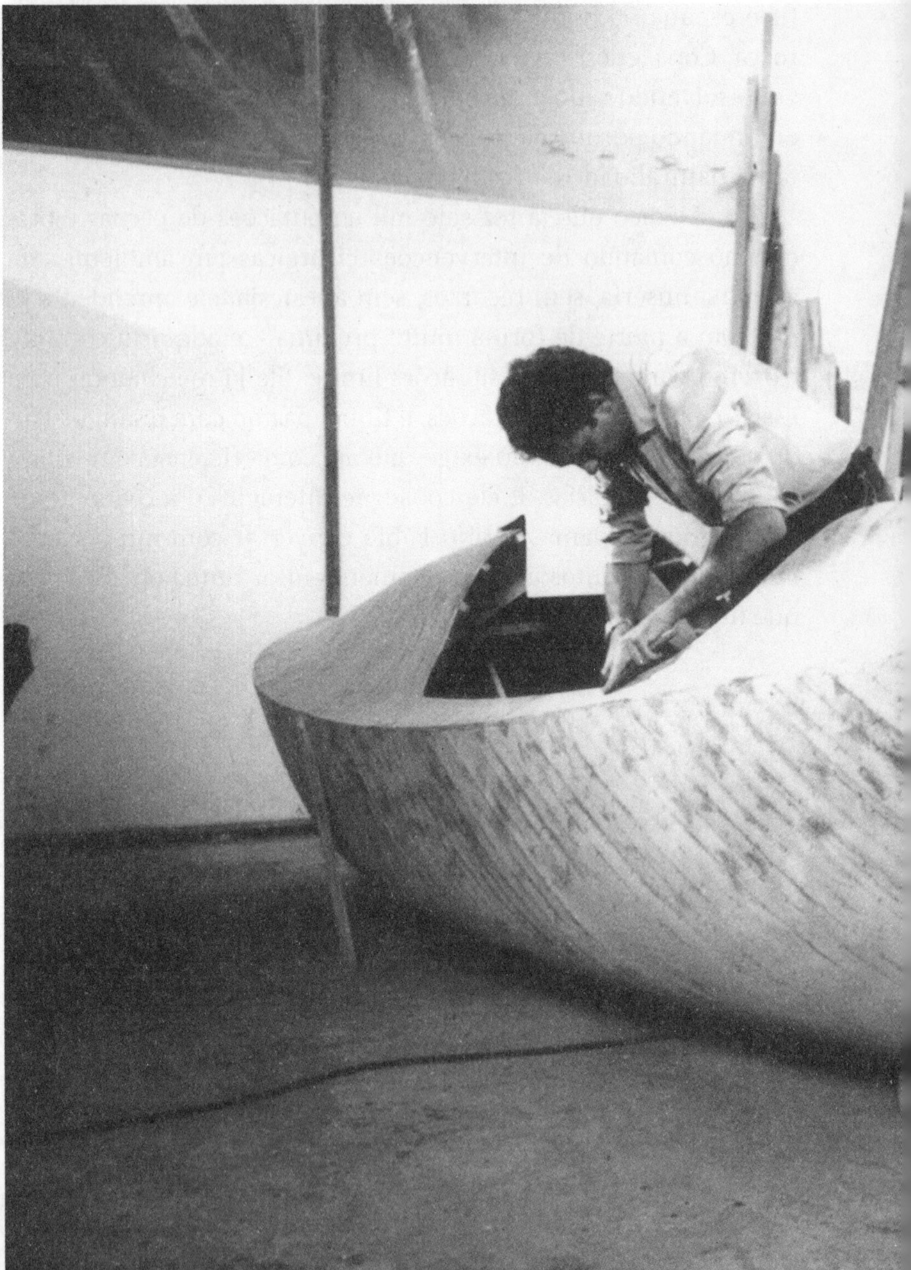

Há quem não sinta essa inquietação, eu sinto. Eu sinto a dor das coisas.

Cuidar muito bem do que não é seu é uma qualidade preciosa para um navegador. Flavio Fontes, que viajou comigo durante mais de dez anos, por exemplo, é uma pessoa admirável. Demonstra a rara índole de zelar pelo barco. Ele tem verdadeira paixão pelo *Paratii 2*. Paixão explícita. Acorda de madrugada, põe a mão no eixo, fica tentando sentir o ciclo da vibração, tentando entender porque está entrando aquela água, de onde ela vem, bebe para ver se é xixi, se é esgoto, se é água salgada, se é doce, se tem óleo, querosene, ácido. Parece degustação de café. Eu faço isso também.

Já fomos juntos para a Antártica pelo menos doze vezes. Já me salvou a vida inúmeras vezes e eu devo ter salvado a dele em algum momento. Tem qualidades que o destacam de qualquer navegador. Flavio tem essa índole técnica, sente que está havendo um esforço do material. É acumulador. Criativo, inventivo, tem a síndrome de Diógenes. Checa o motor de quinze em quinze minutos. Persegue os problemas. Tem um gerador funcionando? Quer saber se a água está fluida, a correia folgada, se está tudo indo bem. Se algum eixo está rugindo. Aquela folga no cabo só pode ter dois pontos de apoio... Será que tem algo de errado debaixo d´água? É desgaste, erro de fixação?

Grandes velejadores podem ter iniciativa, mas às vezes falham na manutenção dos barcos. Você não pode querer dominar tudo na força bruta. Não tolero esse tipo de atitude. Infelizmente é algo comum em quem não é dono. Para um empregado, que é pago para consertar, não sobra o ônus de atitudes impensadas, impacientes. É péssimo velejar com pessoas que não têm esse cuidado com a matéria, que tratam objetos de forma descartável, sem pensar em seu reaproveitamento, na versatilidade do uso, na economia que todos precisamos fazer em tempos de guerra e de paz.

Nos momentos de dificuldade você tem que arregaçar as mangas e atacar os problemas. O que eu percebo hoje nas empresas é uma espécie de compartilhamento de responsabilidades. A preocupação agora é que cada um faça não apenas a sua obrigação, mas que se preocupe com o todo, com o conjunto de tarefas. Isso nem sempre é fácil. Normalmente, o sujeito que trabalha ali não está muito preocupado com o que acontece com a empresa, está mais preocupado com o seu aspecto pessoal. E essa visão nas corporações mudou bastante. Com o empoderamento dos funcionários, dos gerentes, de todos que se envolvem na produção e serviços da empresa, alcançamos uma relação de compromisso com resultados.

Um dia tivemos uma briga no estaleiro, onde todo mundo trabalha duro, sob condições adversas em que é preciso ter paciência e esmero no que se faz. Nós soldamos cinquenta metros de fio elétrico, dentro de uma cápsula de alumínio de 29 metros de comprimento. Situação tensa, tudo escuro, era difícil inclusive respirar dentro do tubo. Foram horas de muito trabalho, e no final houve um curto-circuito, fazendo o fio inteiro pegar fogo. Tinham feito um nó, em algum lugar do fio. Numa hora dessa dá vontade de torcer o pescoço de todo mundo, inclusive o nosso.

Porque o pior é que sempre aparece aquele que diz: "não fui eu! Quando liguei a tomada, o nó já estava feito!" É a reação natural, mas temos que mudar essa postura. Por isso foi tão importante para mim, fazer a invernagem, e ficar mais de dez meses sozinho – não podia colocar a culpa em ninguém se alguma coisa dava errado.

"Executivos, gerentes, funcionários, médicos, militares, psicólogos, contadores: ficam todos extasiados com sua simplicidade. Já assisti a dezenas de palestras do Amyr e, em todas, ele captura a audiência de forma espetacular. Não usa gravata, não vai de rolex, está sempre com aquela mesma calça, o chaveiro e o canivete no bolso. Chega tímido, arrogância zero. Mas como sabe contar bem uma história! Deus do céu, é impressionante, transporta o mundo das navegações para dentro da rotina dos escritórios sem errar na mão, sem dar conselho, só com a tremenda autoridade que exerce em seu discurso. Engaja as pessoas. Relata o percurso de Shackleton e mesmo quem nunca ouviu falar do explorador polar fica fascinado pelo assunto.

"E qual é o *hot dog* da palestra do Amyr? Os americanos, que inventaram a profissão de palestrante, criaram também essa expressão, que significa: o que você aprendeu, o que vai levar pra casa? Pois Amyr não entrega um método de planejamento, um *software* de gestão. Nada do que fala é copiável, no entanto as pessoas saem com a certeza de que ganharam muito. Ele confessa as suas mancadas, faz todo mundo rir com os vacilos que cometeu. Mas que paixão pelo que faz! Como é admirável sua persistência, sua capacidade de superar adversidades e executar projetos, apesar de problemas que parecem intransponíveis... Esse é o *hot dog*."

João Cordeiro
Psicólogo, administrador, membro da *National Speakers Association* e autor de livros sobre *accountability*, a ciência e capacidade de cuidar do que não é seu.

Nem sempre o sujeito mais simpático, o seu amigo, é o melhor líder. Tripulantes que são especialistas em suas funções, capazes de exercer múltiplas tarefas com dedicação – podem não saber liderar com a mesma eficiência. Algumas pessoas precisam ser conduzidas, não sabem delegar. O líder não pode ser aquele que abraça todas as funções e mostra, no final – "tá vendo, pessoal, é assim que se faz."

Há líderes que têm prazer em mostrar que podem fazer sozinhos. E melhor. Melhor que dez. E fazem, melhor, do que dez. Não são bons líderes se dessa forma constrangem os outros – um tripulante que não seja tão competente pode se sentir diminuído, diante de um chefe que faz tudo. Assim, o Flavio, que é o melhor tripulante que qualquer barco pode ter, não seria um bom líder. Faz parte de sua natureza mostrar que é o primeiro a identificar o problema e o único que sabe resolver. É o primeiro a fazer o café. O primeiro a lavar a louça. Já conversamos sobre isso. Para um grupo, nem sempre dá certo.

Na época da faculdade, eu achava que o modelo de equipe era um grupo de pessoas que tinham a mesma cabeça, cultivavam os mesmos ideais, felizes e amigas, mas não é nada disso. Numa viagem ou na construção dela, ao longo de vários anos, concentrados apenas num projeto, trabalhamos com pessoas muito diferentes. Há profissionais formados em Literatura que soldam chapas de ¾ de polegadas de alumínio cuspindo fogo e há quem opere máquinas de solda em argônio mesmo sendo analfabeto. E por que trabalhamos com analfabetos? Porque as pessoas geralmente têm qualidades que superam os defeitos e uma equipe é feita dessa coesão, de personalidades e formações díspares, unidas por um mesmo compromisso – que pode ser traduzido no final do mês por um salário, mas não é só isso. O envolvimento emocional de cada um, com o que está sendo construído, também é fundamental para o sucesso de um projeto.

A tendência é que a pessoa que ascende a uma posição de liderança se torne prepotente. Esse talvez seja o maior risco. Por mais habilidades intrínsecas que você tenha para comandar processos, trabalhar em igualdade é uma virtude ainda rara. Demonstrar uma dose importante de humildade – cedendo, ouvindo mais do que mandando, decidindo a partir do que ouve, conhecendo o processo da esfera de quem reclama – pode tornar o líder mais habilidoso e eficaz.

Não há pior desastre que o líder prepotente, que ignora os erros, como aquele diretor da SAMARCO. No dia seguinte à tragédia da cidade de Mariana, causada pela empresa de mineração, ele afirmou que a instituição nada fizera de errado e que não havia porque se desculpar. Só por essa declaração merecia amargar o resto da vida na prisão. Onde ele errou? Na prepotência. Negando o fato. Excedendo-se nos comentários, incapaz de ouvir e exercer a humildade.

Considero pedante esse tipo de comparação, entre o mundo das empresas e o mundo da navegação, mas o explorador norueguês Roald Amundsen, entre os autores que mais admiro, se constitui como líder incontestável em qualquer universo. Embora fosse um sujeito introspectivo, fechado, com dificuldades diversas de comunicação, desenvolveu uma característica que não transparece em seus livros, nem nas biografias escritas sobre ele. Tinha uma capacidade de ceder muito grande. Para um grande explorador, o comandante de uma missão notável há cerca de cem anos, ceder talvez fosse uma vergonha.

Abrir mão da convicção pessoal em nome da harmonia do grupo pode ser vital, sobretudo quando o líder antecipa que a instabilidade coletiva pode aniquilar um projeto. No mundo do mar, o mais clássico dos exemplos é o do irlandês Ernest Shackleton, herói de uma saga de resistência. O comandante do *Endurance* soube associar a autoridade no comando com o convívio amigável entre seus homens, e assim conseguiu salvar a vida de toda a tripulação em condições inacreditavelmente adversas. A expedição foi um fracasso, o navio naufragou, mas todos os homens que embarcaram voltaram para casa, mais de dois anos depois da partida, em fevereiro de 1914.

Com a missão de alcançar a Antártica e cruzar o continente a pé, a tripulação comandada por Shackleton atravessava o mar de Weddel, quando o *Endurance* ficou preso no gelo. O explorador não demonstrou preocupação para o grupo, comunicou a todos que iriam se estabelecer na geleira até a chegada do verão, quando o navio se soltaria dos blocos e seguiriam viagem. Soube manter elevada a moral dos seus homens durante meses, de forma ativa e participativa, em um quadro de incerteza total.

Para Shackleton não havia descanso, dividindo igualmente as tarefas e recusando-se a receber tratamento diferenciado do restante do grupo. O comandante se devotou a manter a tripulação ocupada, organizando atividades todos os dias, sem exceção, inclusive torneios de xadrez e futebol, nos campos gelados, para afastar o desânimo. Manteve a união entre os homens e o senso de camaradagem. Mesmo depois que o casco do navio foi triturado pelo gelo, até o completo naufrágio do *Endurance*, seu otimismo e sua confiança na salvação do grupo continuaram inabaláveis.

Com mais cinco homens, em botes salva-vidas, saiu em busca de resgate até a Georgia do Sul, alcançando a ilha depois de enfrentar dias de tormenta devastadora. Até chegar à base habitada da região para conseguir socorro, escalou as montanhas congeladas da Georgia durante mais alguns dias infernais. Hoje poucos alpinistas conseguem refazer o trajeto, entre picos e geleiras, mesmo usando roupas de borracha hiperresistentes, equipamentos especiais e viajando no verão.

Nesse percurso difícil, o carpinteiro do grupo, Harry McNish, não obedeceu às ordens do comandante – o que já havia acontecido anteriormente, nos meses em que ficaram isolados no mar de Weddel. Atento a criadores de caso, para não desestabilizar o grupo, Shackleton aquiesceu pedidos de McNish, soube ceder até o final. Em 30 de agosto de 1916, depois de duas tentativas frustradas de alcançar os que ainda esperavam socorro, o comandante conseguiu voltar à geleira com um navio para resgatar toda a tripulação. Foi uma missão espetacular, épico até hoje inigualável. O Império Britânico condecorou os homens do *Endurance* com a Medalha Polar, honraria máxima que McNish não recebeu – dessa lista, o comandante excluiu o nome do insubordinado carpinteiro.

Já tive meus conflitos a bordo, como na segunda viagem ao redor da Antártica, com o *Paratii 2*. Foi uma viagem bem sucedida, cumprimos nossas metas, mas dois sujeitos estavam completamente despreparados para o projeto. A tripulação foi escolhida um pouco em cima da hora. Um fotógrafo quis participar só para documentar a estadia. Flávio e eu, que concebemos e montamos o projeto, estávamos a bordo. Conhecíamos muito bem o barco, seguramos a onda. Porque o sonho dos outros rapazes era participar da glória da chegada.

Durante a viagem, até desfrutamos de uma convivência divertida. Mas me lembro de precisar pedir dez vezes para cada um deles "olha, não dá para navegar de moletom, você tem que colocar a roupa de borracha". Então respondiam "mas a gente tá no quente, dentro do barco!" Não adiantava explicar que, por um fator inesperado, vento, onda, bloco de gelo, podia ser necessário sair correndo para o frio, sem tempo suficiente para vestir a roupa. Eu prefiro dormir de bota, não tiro dos pés durante dias, meses se necessário, como na volta do Ártico direto para Paraty – não apenas pelo frio, mas pela consciência da completa imprevisibilidade do meio.

A meteorologia é capaz de fazer previsões acertadas, mas nas proximidades do Polo Sul está fora de cogitação contar com esse tipo de informação. As forças do vento e da água vibram desordenadamente, os movimentos de um *iceberg* não seguem nenhuma lógica, e o deslocamento de montanhas geladas não obedece a uma ordem previsível. Um radar pode detectar blocos de extensão, mas pedras de gelo do tamanho de um ônibus, capazes de afundar um barco como o *Paratii*, não são captadas. Distração ou erros na pilotagem podem ser fatais, e fora da rota dos navios comerciais, a milhares de quilômetros da costa gelada do continente, um resgate pode ser impossível.

Os franceses viajam do lado de fora. Não viajam do lado de dentro de um barco. É um luxo muito grande navegar em alta latitude, numa viagem que só um barco na Terra fez, administrando o projeto de dentro da cabine. O navegador francês, bretão, jamais fica dentro do barco. São 24 horas por dia tomando jato de água gelada, salgada. Você fica sempre melado de água salgada, não tem banho todo dia para tomar com água doce. Vai dormir molhado com o cabelo salgado, e seu travesseiro vira uma mina de sal, que nunca seca, que não esquenta.

Se você não entende de mecânica, não sabe cozinhar, e não tem experiência para comandar, veja o que é possível fazer. Sempre há algo a se fazer. Um marinheiro deve e quer mostrar que a marinharia dele é limpa. Se há quilômetros de cabo de reserva, você não pode deixar um deles puído, esfiapado, depõe contra você. Tripulante de um barco de regata tem orgulho de mostrar suas habilidades de marinharia. O barco deve navegar sempre com os cabos todos alinhados.

Os tripulantes daquela viagem talvez estivessem em outra, bem longe dali, já que a bordo – mesmo – só estávamos Flávio e eu, comandando o barco e nos revezando em turnos no comando para limpar banheiro, cozinhar e lavar a louça – esta última, para mim, é uma das piores tarefas do mundo a se fazer na Antártica... Assumi o trabalho deles, mas sempre insistindo para que participassem. Em algum momento pensei: vou até o fim. Quando finalmente voltamos para a América do Sul, comuniquei aos dois – "agora eu queria que vocês ficassem na casa de máquinas, em agradecimento a esse motor que salvou as nossas vidas. Nada de ficar do lado de fora, dando tchau, participando das comemorações de chegada". Foi difícil.

Nunca entenderam. Reagiram com espanto. "Mas tá tudo tranquilo!". Não estava tudo tranquilo na casa de máquinas: faltava trocar filtro, trocar óleo. Fiquei surpreso ao ver que pessoas convivendo no mesmo barco não tinham conseguido enxergar a necessidade da colaboração com o outro, com o seu próprio grupo. O sujeito é pago para determinada função e só exerce estritamente as suas tarefas. Não posso respeitar esse profissional que não se integra e entende plenamente as necessidades daquela conjuntura, de sua empresa ou seu país – como aquele funcionário da área financeira que não colabora com o setor comercial, ou vice-versa; o fotógrafo que não lava banheiro; a gerente que se recusa a executar serviço que não seja da sua alçada...

O Brasil tem preponderância no cenário mundial, mas insistimos no erro da visão individualista, pensamos como uma nação de quinto mundo. Pensamos na minha casinha própria, no meu carrinho, no meu lugar na fila. Vestígio de uma democracia racial de mentira, igualdade social garantida por foros privilegiados, da cultura do doutor, egoísta e socialmente estanque.

"Ele planeja e faz. Ponto final. Planeja e faz. Amyr é meu modelo de comandante, tripulante, navegador. Respeita, escuta, entende. Formou muita gente. Resolve o problema, executa de forma inteligente. Na primeira viagem que fizemos com o *Paratii 2*, logo depois que o barco foi construído, pegamos uma tormenta que quebrou todos os vidros. Ficou todo mundo apavorado, menos ele. Pediu que a gente fizesse um remendo de emergência e – não sei como, até hoje não sei como –, conseguiu ir mudando o rumo do barco e nos salvar daquela. Ele tem calma, mas não é só frieza. É certeza de que vai conseguir fazer, de que sabe o que precisa ser feito.

"Tem o entendimento perfeito da situação, mesmo quando o caos reina a bordo. É um cara iluminado. Muito metódico, ele fica brabo se alguém desrespeita o que ficou acertado, ou não cumpre seu turno de trabalho, por exemplo. Já brigou comigo, quando cochilo no comando. Fica brabo mesmo, mas nem precisa – porque impõe um tal respeito que ninguém vai ousar contrariá-lo outra vez. É uma questão de hierarquia, não imposta pela força, mas pela competência, pela experiência. Cumpre fielmente o rodízio nas funções, lava prato, limpa convés, tira cabelo do ralo do banheiro – e é o supremo comandante, disso ninguém tem dúvida."

FÁBIO TOZZI
Médico-cirurgião, velejador.

Amyr na sua moto em SP nos anos 1970.

BREVE ESTÁGIO NO INFERNO

O curso de economia era um degrau importante para você entrar num concurso público. Nunca fez parte de minhas aspirações. Acabei conseguindo um estágio disputado na diretoria de um banco. Tinha que trabalhar sempre de terno e não podia repetir a gravata. Sem inspiração, paixão zero, e de gravata. O cara que sentava ao meu lado era o chefe do departamento. Estava há vinte anos no banco. Pensei assim: "então eu vou gastar esse tempo todo aqui só para mudar desta mesa para aquela? Não, por nada deste mundo."

Tentei arduamente ir até o fim, prosseguir, mas lá se foram mais dois anos à deriva. Não conseguia me interessar pelo trabalho que fazia. Foi uma angústia tremenda, um momento difícil, logo depois de concluir a faculdade e ver que não era aquilo exatamente que queria fazer para o resto da vida. Fiquei atônito, na verdade. Pensando nos anos perdidos na faculdade. E sei que essa é uma decisão complexa, avaliar o tempo que se investiu, e o tanto que será necessário pra mudar.

Tinha muita dúvida se devia persistir, mas aquele trabalho não me satisfazia em nada. Não vinha de encontro às minhas curiosidades, não despertava qualquer interesse. Foi importante ter tomado uma opção errada, e só assim mudar a direção daquela viagem. Não gosto de fazer recomendação, nem dar conselho, mas foi o que valeu para mim. A experiência no banco foi boa pra descobrir o que eu não queria fazer, portanto uma das mais importantes da minha vida. Cada um precisa ouvir suas necessidades, seus próprios sonhos. Eu não conseguiria viver trancado, pelo menos não dentro de um banco.

Uma sensação horrorosa era constatar que qualquer pessoa, no meu lugar, poderia estar ali fazendo a mesma coisa. Não havia uma qualidade minha a ser somada, mas um padrão, uma rotina, que qualquer sujeito minimamente treinado faria bem. Eu não faria falta. Era terrível pensar que não estava construindo algo que fosse ter uma existência real, permanecer. Terminava o que tinha para fazer e não suportava continuar sentado diante daquela mesa, fingindo que estava trabalhando. Preferia ir dormir no banheiro.

Tenho amigos que são economistas e adoram o que fazem, falam do assunto com entusiasmo. É divertido e até educativo ouvi-los. Não tenho nada contra, só não funcionou para mim o estágio no banco, aos 25 anos de idade, no Brasil do início de 1980. Conheço muitos advogados, contadores e executivos que são felizes nas suas atividades, pois além do dinheiro no final do mês há um envolvimento no trabalho. Eles convivem bem com os colegas, têm a convicção de que são úteis no ambiente em que permanecem tantas horas do dia. Ou, se não, suportam a semana sem muitos embates, viajam sempre nas férias, conseguem se reabastecer, distrair, enfim, readquirir energia para continuar a viver com um mínimo de paixão ou apreço pelos dias.

Fiquei muito impressionado ao conhecer as Ilhas Faroé, a caminho do círculo polar ártico. Quando estive na Suécia, um tio jornalista, irmão de minha mãe, já me falara muito dessas ilhas. As Faroé formam uma nação agregada à Dinamarca, como a Groenlândia, com uma das economias mais interessantes do planeta e uma das sociedades mais curiosas. É um grupo de ilhas muito difícil de ser localizado no mapa.

Elas se situam entre a Islândia e a Noruega, a caminho do Polo Norte. A partir da migração viking da Noruega, houve um braço que se fixou nas Ilhas Faroé, criando até uma rivalidade cultural forte em relação aos islandeses. Esses últimos dizem que os faroenses foram os vikings que enjoaram e não conseguiram chegar até o fim do caminho, que é a Islândia. E os feroenses, como são mais ricos que os islandeses, dizem que os vikings mais inteligentes desceram no lugar certo e os idiotas continuaram até a Islândia...

Nas dezessete ilhas que formam a nação Faroé existem 76 cidades oficialmente constituídas, com uma população de cerca de 48.500 habitantes – a maioria muito expansiva e alegre, ao contrário da mentalidade escandinava, que é mais fechada, e pouco comunicativa. Trabalham que nem leões, pelo menos dezesseis horas por dia. São todos navegadores por natureza e têm a mais moderna frota de pesca do planeta. É uma nação que vive continuamente de portos, alcançando avanços extraordinários em vários segmentos sociais e econômicos.

O oceano que os cerca é extremamente rico, e não é por acaso que a economia deles também o é – são excelentes administradores. As empresas apresentam uma eficiência notável. Os bancos controlam a atividade econômica, estabelecem qual a taxa de lucratividade de cada um dos navios construídos e assim por diante. Foi um dos moradores das ilhas que me disse outra frase difícil de esquecer: "se você não pode mudar sua atividade, aprenda a gostar do que faz".

Atividades que aparentam ser tediosas, como a dos bancários e contadores, por exemplo, podem satisfazer profissionais que a ela se dedicam com segurança, prazer, conscientes da importância do que fazem. Como os navegadores, os contadores também não exercem uma atividade-fim, mas uma atividade-meio. Meio que nos permite seguir para infinitos destinos. Enfrentamos questões burocráticas complexas, dificuldades técnicas, financeiras, dúvidas, inseguranças, incertezas, discussões. Mas do planejamento inicial até chegar à conclusão de uma viagem, teremos o mesmo alívio, o mesmo prazer, aquela sensação boa de trabalho feito, de quem coloca de pé mais uma temporada, encerra mais um balanço.

Durante o estágio do banco não havia dor, nem prazer, só uma angústia cada vez maior por não estar realizando nada. Tentava compensar a inércia, a monotonia do trabalho, fazendo viagens nos fins de semana e nas férias. Tinha uma curiosidade brutal por conhecer outros lugares. Logo que tirei minha carteira de motorista, a primeira forma de viajar que encontrei foi de moto – não que adore o esporte, mas pelo fato de uma motocicleta ser o veículo mais barato e menor, que vai mais longe.

Minha primeira moto foi uma Sete Galo Honda, quatro cilindros, uma máquina super desejada na época, que eu tratava muitíssimo bem. A cada 70 km rodados eu trocava o óleo fino da corrente. Rodou 120 mil km com a mesma corrente. Um estouro, inacreditável. Andava muito com ela por estradas de terra, de barro, e nem me preocupava em ficar lustrando a moto, não estava preocupado com a estética – o importante era que o motor funcionasse que nem relógio. E funcionava. Rodamos juntos pelo menos 200 mil km.

Acabei fazendo a primeira viagem de moto pela América do Sul com um amigo, Fernando Costa, que queria assistir à Copa da Argentina. Estavámos a caminho mas confessei que detesto futebol e o convenci a não assistir aos jogos e irmos para o Chile. Foi uma viagem totalmente improvisada, ficávamos em sacos de dormir ao relento. Como era difícil dormir no chão, sempre levávamos uma garrafa de vinho para induzir o sono. E uma chuva na Patagônia quase nos afogou dormindo. Foi uma viagem que adorei, repeti e desenhava planos para fazer outras vezes.

"Ele pegava a moto e sumia de casa. Uma vez ficou três dias sem aparecer, e daí até nossa mãe, muito calma, ficou preocupada. O Amyr e um amigo tinham saído de moto pelas trilhas de barro, na região de Paraty, e acabaram seguindo viagem pela costeira, sem avisar. Naquela época não tinha celular, mas ele também não era de dar satisfação do que fazia, não. Dez anos mais velho que eu, era tranquilo, centrado. Lia muito, desenhava bem. Mas vivia pra cima e pra baixo. Quando me via de cabelo molhado, de banho tomado, dizia: "vamos dar uma volta de moto pra secar esse cabelo!" Eu adorava.

"Devia ter uns quatro ou cinco anos, quando andei pela primeira vez de canoa, na *Max*. Depois de uma daquelas enchentes em Paraty, ele aproveitou a cidade inundada, me botou na canoa e saímos pra passear.

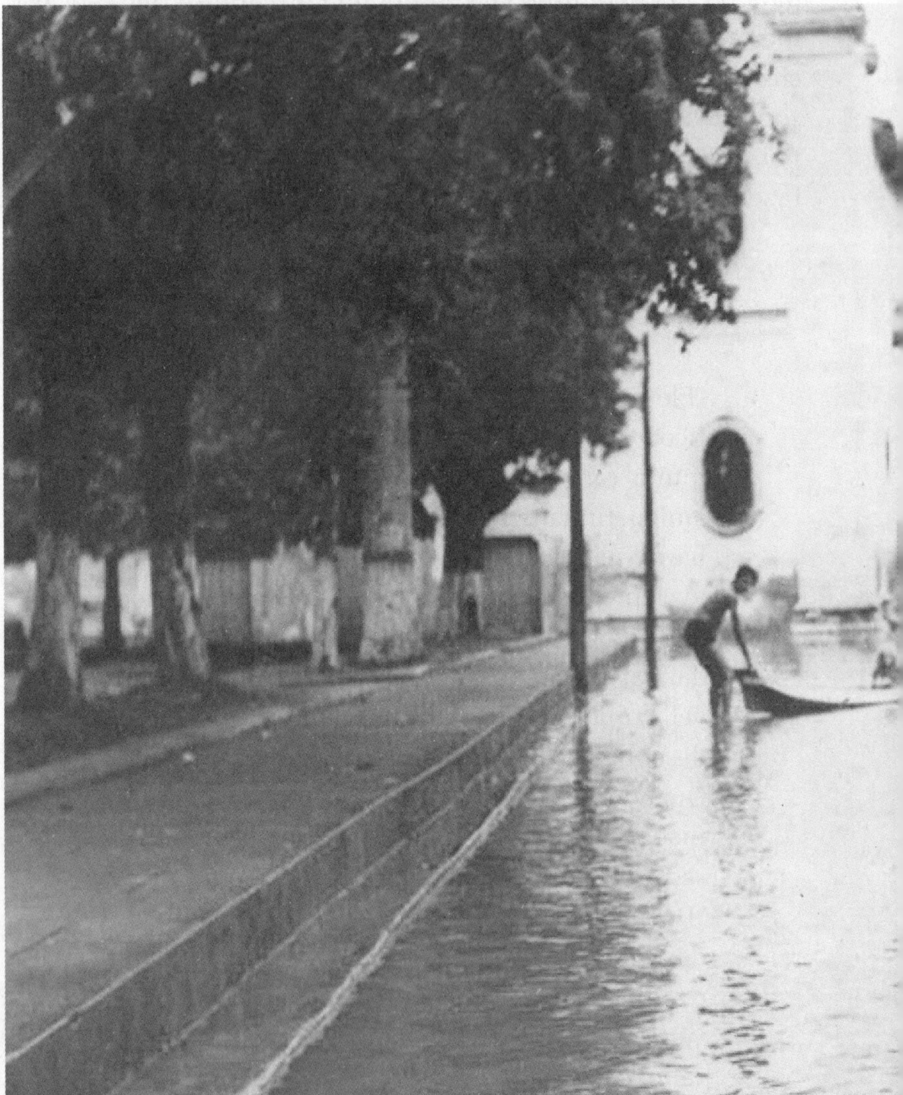

Amyr com uma das irmãs mais novas, passeando com a *Max*: "a canoa é a independência do moleque".

"A mãe gostava de todos os filhos, claro, mas tinha uma queda pelo Amyr, o primogênito. Não era dessas mães que ficam abraçando, beijando, mas durante os anos em que ele estava remando, por exemplo, acordava às três e meia para fazer o chocolate quente, e colocava na garrafa térmica para o Amyr levar para os colegas do clube. Sempre foi terna, delicada, eles se entendiam bem.
"Na época da travessia pelo Atlântico ele não contou nada em casa. Se perguntavam, dizia que estava construindo um barquinho, desconversava. Depois a mãe acabou sabendo, ficou apavorada, mas também sabia que ele não ía desistir".

AshrafF Klink
Irmã mais nova de Amyr, a Cabeluda.

Voltando de um desses fins de semana de moto, passei pelo centro de São Paulo e vi o relógio do mosteiro de São Bento batendo às três da tarde. Comentei com o meu colega no banco, que reagiu surpreso: "Nossa, Amyr, eu trabalho aqui há oito anos e nunca vi o relógio do mosteiro bater às três da tarde". Respondi com mais incredulidade ainda: "Como não? Ele bate todo dia, é só ir até lá e ver".

Quando ele retrucou que seria impossível, pois trabalhava todo dia, sem escalas, de oito às cinco, caiu a ficha. Estava encerrando o segundo ano do estágio e pensei na melhor hipótese possível: sou admitido definitivamente pelo banco e me torno presidente em cinco anos. Eu cortaria os pulsos. Não quero ser presidente de banco por nenhum dinheiro na Terra, foi o que pensei. E resolvi me mudar para Paraty.

Mãe e pai, Asa e Jamil Klink, em Paraty.

OURO
DE MINA

Meu pai sobrevoou a costa de Angra e Paraty pela primeira vez no início de 1950, em um monomotor. Visitava o Rio com um amigo, e ficou de tal forma encantado com a mata exuberante, junto ao mar, que comprou terras na região onde depois se instalaria com a família. Meu pai casou tarde, viajava pelo mundo investindo na Bolsa, às vezes sem nada e às vezes com muito. Andava com carros especiais que mandava fazer. Culto, agressivo, visionário. Orador brilhante, tinha o dom de derrubar as pessoas com a palavra. Sem falar que atirava muito bem. Os libaneses atiram bem, nascem com a espingarda na mão.

Com a decisão de sair do estágio no banco, fiquei uns quatro, cinco anos, cuidando de impostos atrasados e outras questões financeiras e fiscais no escritório dele em Paraty. Era muita terra sem receita e meu pai não cogitava mencionar a palavra "vender". Depois que fui ao Líbano, recentemente, comecei a entendê-lo. Lá, você não paga imposto pela terra se nela não produz, ou dela não extrai renda. Ele nunca se conformou com a ideia de pagar ao governo municipal, todos os anos, se já havia desembolsado um bom dinheiro para comprar a terra.

Não se preocupou com a regularização e ainda arrumava briga, não deixava o prefeito entrar, colocando a placa no portão da frente, escrita em português com sotaque: "Aqui não entram cachorros nem americanos".

Meus pais viveram alguns momentos de glória, e não foram aqueles em que estivemos juntos em Paraty.

Em tudo diferente dele, minha mãe era delicada, artística, com impiedoso senso de humor. Nasceu na Suécia e veio morar no Brasil já adulta. Montou uma agência de publicidade em São Paulo, iniciativa pioneira num universo ainda tão retrógrado e preconceituoso em relação às mulheres. Conheceu meu pai num hotel em Campos de Jordão, o Rancho Alegre, frequentado pela elite política na década de 1950, quando refúgio era o tema da moda no Brasil.

Minha mãe ficara amiga de uma das filhas do dono do hotel quando estudou Artes em Paris. Estavam juntas numa das mesas do salão de jogos do Rancho Alegre quando meu pai se aproximou. Ele adorava jogar, viajou o mundo inteiro jogando. Alguém iria apresentá-lo para o grupo, mas uma delas estava fumando, e ele comentou: "Não tolero mulheres que fumam." Ato contínuo, minha mãe sacou um charuto da mesa e o acendeu, como uma provocação. E assim se conheceram.

Na Suécia, uma mulher que resolve morar num país tropical e ainda tem quatro filhos – quatro! – poderia ser considerada uma primitiva, quase uma índia. Com uma baita paixão pelo Brasil, no entanto, minha mãe nada tinha de "primitiva" – era uma pessoa muito divertida e leve, falava várias línguas, era extremamente culta. Sou o mais velho dos filhos, depois veio meu irmão e mais tarde as gêmeas. Nossa relação sempre foi próxima, afetuosa. Mesmo

Mãe com Amyr e Tymur no colo.

com as inúmeras adversidades que precisou enfrentar, decorrentes da convivência com o marido violento e autoritário, reagia sem drama, com seu invencível senso de humor.

Ao longo do período em que moramos todos em Paraty, durante boa parte de minha infância, numa casa gigante mas praticamente em ruínas, não me lembro de vê-la reclamando, discutindo, nada. Meu pai ocupava 80% do espaço interno e, além de restringir a família a uma área mínima da casa, naquela fase de sua vida pouco ajudava a minha mãe, e vivíamos em aperto financeiro. Ela tentava resolver as coisas da melhor forma. Fazia vestido do forro das cortinas, lia muito e desenhava. Conseguia levar tudo na brincadeira. Saíamos para passear na cidade e, quando víamos uma casa estranha como a nossa – um palacete em um bairro arruinado, ou uma mansão semidestruída com uma árvore saindo pelas janelas – ríamos juntos: olha uma casa Klink!

Recentemente, levei minhas filhas para conhecer a casa em que moramos, que está abandonada até hoje. Cheguei a identificar a porta, cujo vidro destruí com um murro, durante a pior briga que tive com o meu pai. Eu tinha passado cinco anos negociando um acordo com a prefeitura desde que saíra do banco. No auge da resolução dos problemas fiscais com a terra, quando pedi que ele assinasse o acordo, meu pai voltou atrás. Disse que não assinaria. A chefe da Secretaria de Fazenda havia sido bastante clara: "se seu pai não for pagar, eu não vou calcular, porque são 1200 documentos, mais de quarenta cópias com carbono para cada um, cinco a seis meses só para calcular a dívida. Se não for pagar eu não poderei me ocupar desse trabalho". Prometi que iríamos assinar. Havia conseguido um dinheiro emprestado com um amigo meu de faculdade, o Bráulio Pasmanik, e com o acordo assinado na Prefeitura meu pai quitaria a dívida. Finalmente teríamos uma vida normal. Mas ele não quis assinar.

    Fiquei enfurecido, me senti desprestigiado, começamos a discutir. Meu pai nunca me bateu, nunca teve contato físico comigo, embora tenha judiado de meu irmão. Sem entender como ele podia voltar atrás depois de tanto tempo, furioso, transtornado, para não bater nele eu bati na porta. E a porta está quebrada até hoje. No choque, o vidro entrou na minha mão, arrancou um fio de pele e deixou a mão do outro lado.

    Uma senhora de 84 anos, que trabalhava lá em casa, estava no corredor espionando a nossa briga atrás da porta. Quando eu bati no vidro, ela ouviu o estrondo e viu uma mão saindo, caiu para trás e apagou. Eu puxava a mão de volta e a mão ia descascando, presa ao punho só por uma pele. Segurei no pulso e balancei a mão, para mostrar ao meu pai que ela estava solta. Jorrou sangue no rosto dele, que também apagou. Em dois segundos estavam a Jorgina e meu pai no chão, enquanto minha mão continuava solta. Eu nem sentia a dor.

    A história só acabou quando um vizinho viu o sangue escorrendo pela porta, entrou na casa e encontrou o cenário dantesco. Foi no banheiro, pegou uma toalha, embrulhou minha mão contra o cotovelo e me levou até a Santa Casa. Operei a mão várias vezes.

    Acabaram-se os planos de viajar de moto e remar pelos meses seguintes, talvez anos. Recolhido em casa, sem conseguir movimentar direito o braço, muito menos a mão direita, fiquei lendo sem parar. Sempre gostei muito de literatura, especialmente a francesa. Estudei francês durante oito anos, incentivado por

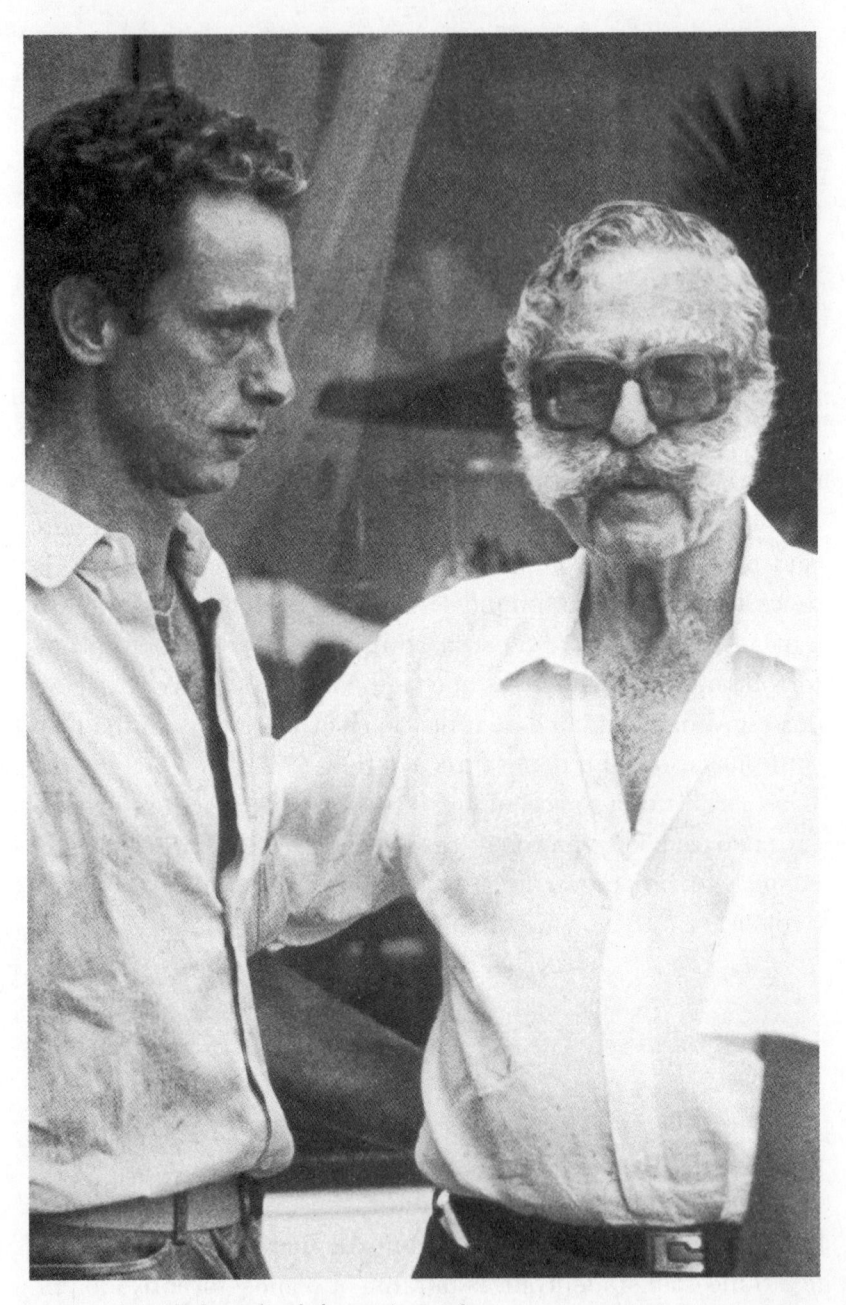

Amyr e o pai em Salvador, na chegada da travessia, em 1984.

minha mãe. Esse apreço pela leitura foi um dos grandes responsáveis pela minha aproximação com o mundo do mar, pois devorei tudo que podia encontrar sobre relatos de viajantes e grandes expedições marítimas. Naquela época do repouso forçado, em Paraty, foram os livros que me salvaram.

Um livro em especial me deixou intrigadíssimo. *L'Atlantique à bout de bras*, o relato que o francês Gerard D'Aboville fez da sua travessia a remo no Atlântico Norte, em 1980. Saiu remando, só, de Cape Cod, nos Estados Unidos, e 72 dias depois chegou à Brest, uma cidade francesa na região da Bretanha.

Em seu livro, D'Aboville imprime uma narrativa literária interessante, lembrando o estilo norueguês, seco, desprovido de qualquer tom dramático, onde o protagonista não fala em "minha aventura". Daí para frente, comecei a pesquisar a viagem pelo Atlântico Sul, da África até o Brasil. Era uma ideia bizarra, nada sensata ou inteligente, bastante estúpida na verdade, que me atraía cada vez mais.

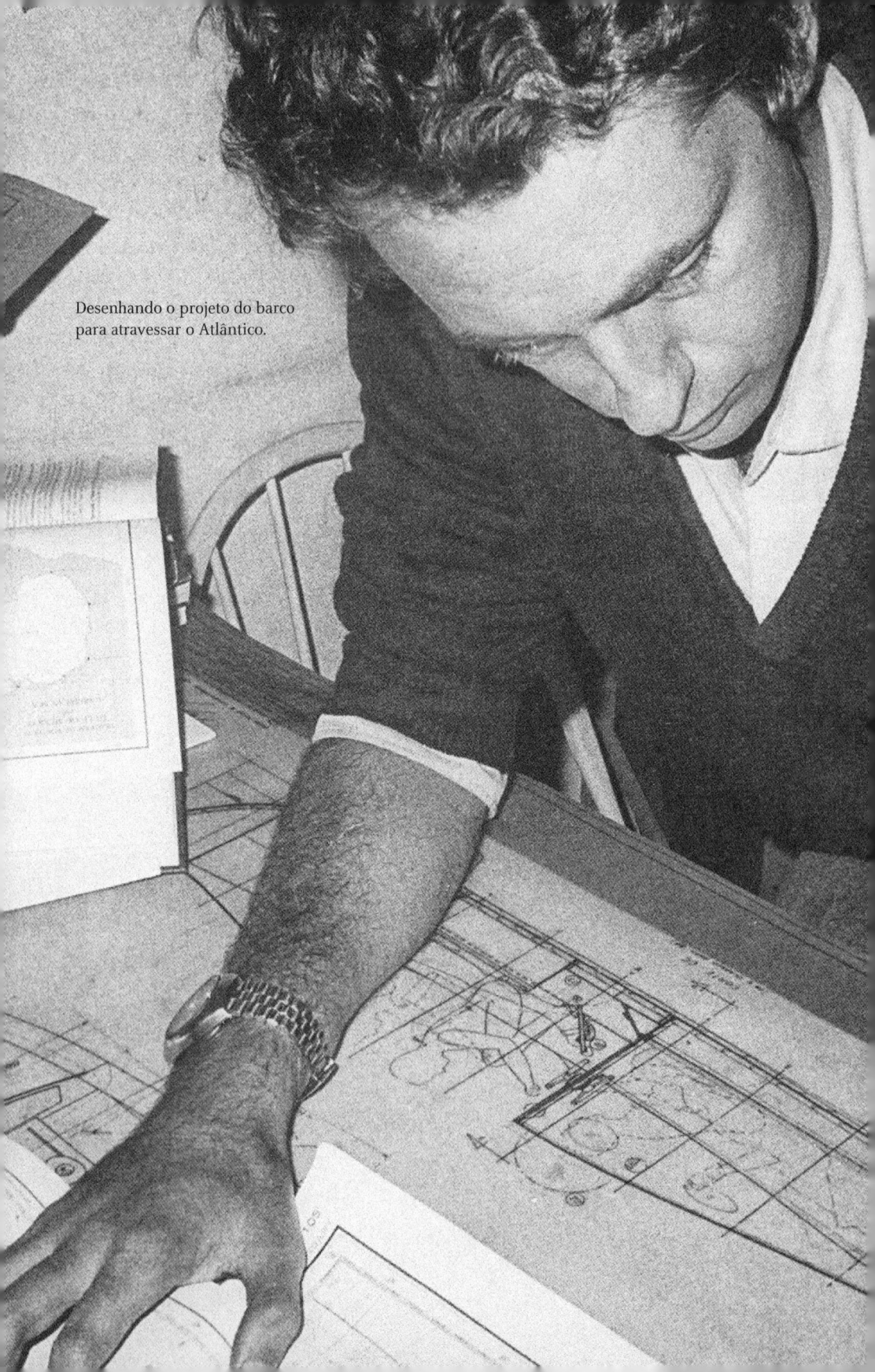

Desenhando o projeto do barco para atravessar o Atlântico.

DOSSIÊ AMARELO

Quando você se apaixona por uma ideia, mesmo que utópica, ou extremamente arriscada, vai encontrando meios e determinação até o ponto em que acontece. Tudo para mim demora. Essa é outra agonia que eu tenho. No final acontece do jeito que eu queria, mas no começo demora. Sinto essa ansiedade de que tudo tarda porque começo a pensar muito antes de acontecer. Fiquei fascinado pela experiência da travessia no Atlântico Norte, pesquisei livros sobre viagens e biografias de grandes exploradores, estudei astronomia, o regime de correntes oceânicas, todas as características do percurso no Atlântico Sul. Foram anos de pesquisa e insistência até que saíssem do papel os primeiros desenhos do barco a remo, inspirados no livro de D'Aboville.

Bonito ver a distância de um continente a outro, e imaginar que, apenas com a força dos braços, um homem pode fazer essa travessia. Quando eu remava na USP, cheguei a calcular o número de horas que treinávamos por ano, e quantas milhares de voltas na raia olímpica seriam necessárias para atravessar um oceano. Falei da ideia para o Hermann, o meu melhor amigo do remo, colega no oito, no quatro-sem e no dois-sem, pontual e entusiasmado nos encontros para aquela planejada viagem de Santos a Paraty que nunca aconteceu. Inicialmente pensamos em fazer juntos a travessia da África ao Brasil.

Tenho um vínculo radical com algumas decisões que tomo, mergulho nelas. Lá no fundo sei que vou me empenhar inteiro, o tempo que for, até fazer. Se tiver que morrer no caminho, paciência, é outro problema. Isso me ajuda bastante. Mesmo as ideias mais absurdas podem se tornar factíveis se você se compromete a destrinchar cada pedaço do caminho. É um trabalho complexo, e esse desafio logístico me fascina. Traçar conexões entre as partes e montar o quebra-cabeça.

Decidi me dedicar seriamente ao projeto da travessia, mas não como uma cega obstinação. De forma apaixonada, mas examinando detalhes de forma meticulosa, como um aplicado contador apura todos itens envolvidos para fechar um balanço. Estava um pouco farto da incredulidade das pessoas, que ficavam boquiabertas quando eu mencionava a ideia. Achavam que eu estava louco. Talvez estivesse, mas construíra uma base de dados que me convencia das possibilidades concretas daquele projeto funcionar.

Consegui finalizar a pesquisa para a travessia a remo determinando etapas e circunstâncias de uma viagem que pudesse se tornar exemplo de organização, cuidado técnico e preparação com método científico. Em trinta páginas, o "dossiê amarelo" foi a minha estratégia para apresentação do projeto, funcionando como o melhor advogado para defender a ideia e esclarecer dúvidas sobre sua viabilidade. Descrevia as inovações da embarcação de 5,95 metros de comprimento e boca máxima de 1,55 metros, detalhando os aspectos da construção, como a cabine estanque para repouso, os painéis solares fotovoltaicos, e o sistema elétrico, compreendendo equipamento de rádio, iluminação, navegação e detecção de radares.

O dossiê explicava a grande vantagem daquela experiência em relação às anteriores. Um dos motivos da idealização deste projeto consistia nas características singulares do percurso no Atlântico Sul, além do conjunto de condições que favoreciam a sua realização. Embora cobrindo distâncias relativamente maiores, o trajeto para uma travessia a remo naquela parte do oceano passa ao largo das altas latitudes, de furacões, ciclones tropicais, de turbulências térmicas e do perigo das rotas marítimas movimentadas. Com a impressionante regularidade dos alísios de sudeste, sob condições meteorológicas e climáticas amenas e um regime de correntes extremamente favorável, o percurso reunia fatores que, embora não garantissem condições confortáveis de permanência no mar, diminuíam as chances de surpresa e os riscos do empreendimento.

A escolha da rota é essencial para o sucesso de qualquer travessia. Examinei com a maior minúcia possível o sistema de correntes, que são os rios submersos que conduzem as embarcações pelos oceanos. Foi uma das etapas mais complexas da viagem, e certamente essencial para o seu êxito. Não iria contra o Atlântico Sul, mas a favor das correntes e ventos. Assim como os portugueses, que chegaram ao Brasil em 1500. O oceano Atlântico se divide em dois rodamoinhos gigantes – no norte e no sul, que giram em sentidos contrários. Os navios portugueses, assim como o meu barquinho a remo, não podiam ir contra as correntes.

Quando o GPS ainda era coisa de marciano, Amyr definiu sua rota de viagem usando compasso e máquina de calcular.

Mapa com a rota da travessia, do porto de Luderitz, na África, até o Brasil.

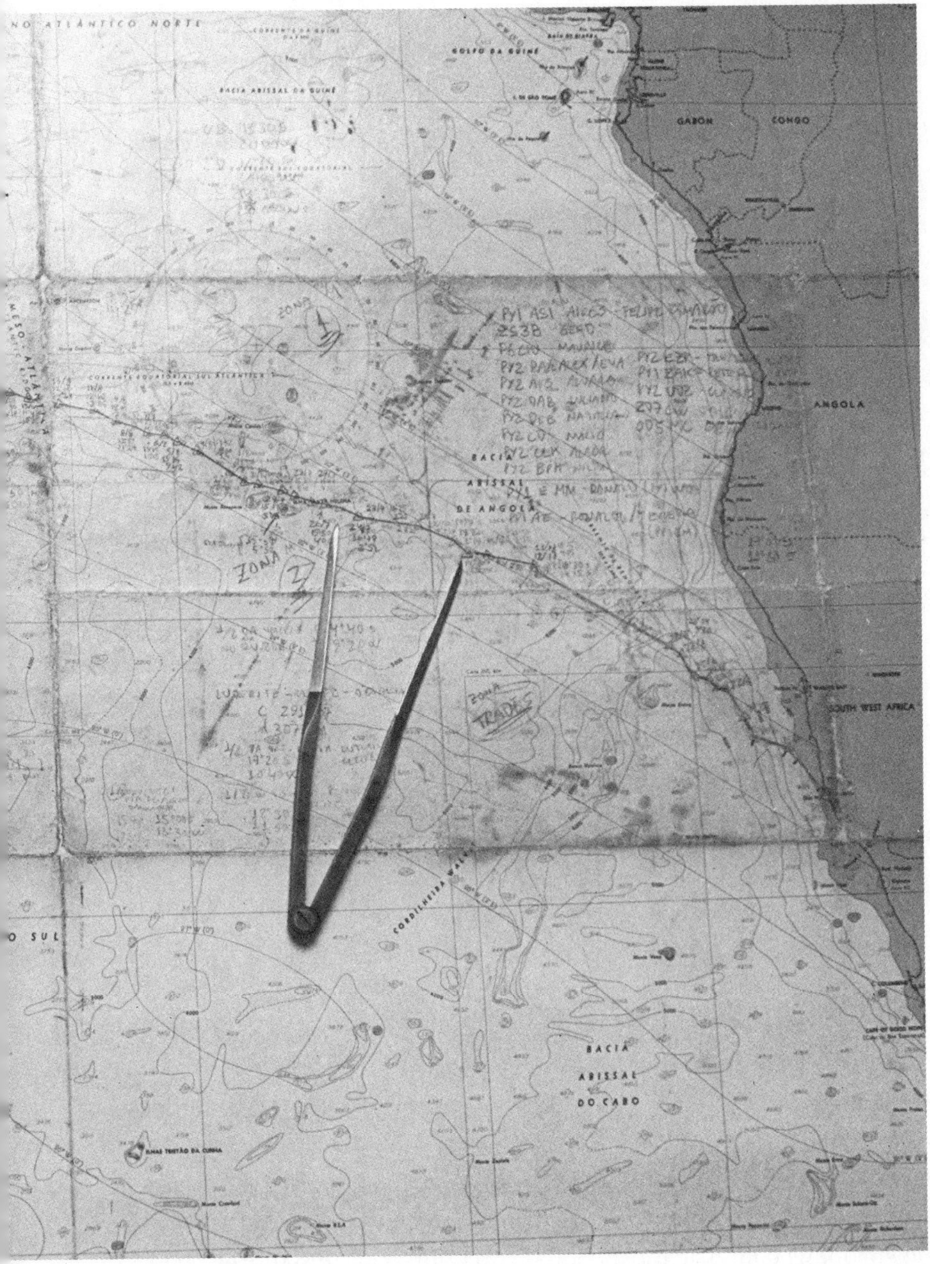
NO ATLÂNTICO NORTE
GOLFO DA GUINÉ
BACIA ABISSAL DA GUINÉ
GABÓN
CONGO
ANGOLA
BACIA ABISSAL DE ANGOLA
SOUTH WEST AFRICA
BACIA ABISSAL DO CABO
O SUL

Em função das diferenças de temperatura, as massas de ar e de água circulam no sentido sul-norte até o centro do planeta, e depois começam a descer pela costa do Brasil. Sabíamos da existência de objetos trazidos pela corrente da África até o Brasil, como boias de pesqueiros sul-africanos que foram encontradas no litoral baiano. Pelos meus cálculos, qualquer objeto colocado à deriva sobre a corrente de Benguela, viajando a 0,8 nó (cerca de 1,852 km/h), chegaria à costa do Brasil em cinco ou seis meses, levado apenas pela força das águas e do vento.

O caminho mais curto seria partir da África do Norte em direção à Natal, capital do Rio Grande do Norte. Só que, em parte desse percurso, as correntes são contrárias. A melhor opção seria sair da Namíbia, no sul da África, e fazer uma curva subindo pelo oceano, para depois descer e chegar até Salvador. Normalmente os ventos litorâneos jogam as embarcações do mar para terra, e na África havia um único ponto em que os ventos saem da terra em direção ao alto mar. Por que não seria possível seguir em linha reta? Porque passaria por um dos lugares mais perigosos do Atlântico, um centro de alta pressão, onde desapareceram outros navegadores que anteriormente haviam tentado fazer a travessia.

No dossiê fiz uma análise das onze travessias anteriores pelo Atlântico Norte, procurando identificar os motivos porque teriam sido bem ou mal sucedidas. Antes de D'Aboville, apenas duas viagens cobriram todo o percurso entre dois continentes. Em 1897, os noruegueses George Harbo e Frank Samuelson saíram de Nova York, num barco aberto de 5,40 metros e 55 dias depois chegaram ao Havre. Em 1966, após tentativas fracassadas de europeus e americanos, apenas uma dupla de remadores britânicos, John Ridgway e Chay Blyth, conseguiu concluir a travessia em 92 dias, saindo de Cape Cod, em Massachusets, nos Estados Unidos, e alcançando a costa da Irlanda. Foi uma viagem difícil, enfrentaram muita turbulência no mar e chegaram a ficar sem água e sem comida. Mas o pior de tudo, a meu ver, foi o rompimento definitivo entre os dois – brigaram já no primeiro dia, vieram remando juntos e, depois de desembarcarem do outro lado do Atlântico, nunca mais se falaram.

Comentei o assunto com Hermann, que naquela ocasião estava prestes a casar, e diante da reação apreensiva da noiva, achei melhor mudar os planos e fazer a travessia sozinho. Já tinha esboçado algumas opções de desenho para a embarcação, e a partir de então decidi que iria construir um barco solitário, um pouco mais longo do que imaginara inicialmente. Sabia que não seria fácil, mas as turbulências do caminho até a viagem ultrapassaram qualquer expectativa mais pessimista.

Não desistia da ideia de construir um barco melhor do que os usados pelos navegadores que desapareceram no Atlântico Norte, em outras travessias a remo. Por que não tentar construir uma embarcação leve mas "incapotável"? Procurei um engenheiro do Rio que ironizou o projeto, dizendo que eu estava louco. Vários disseram. Estava em fase avançada de planejamento da viagem e ainda sem resolver esse embate. Entrei num processo quase humilhante em busca de um projetista que concordasse com a minha tese, até que o engenheiro Furia decifrou o enigma, me abrindo os olhos. Não adiantava fugir do problema.

Se as correntes marítimas e os ventos, oceânicos ou vindos do continente, em determinado momento da travessia poderiam ser fortes o suficiente para virar qualquer embarcação a remo, a solução jamais estaria num barco "incapotável", mas exatamente no seu oposto: precisávamos conceber e construir um barco capaz de capotar e descapotar continuamente.

TÍTULO

"TRAVESSIA OCEÂNICA EM EMBARCAÇÃO A REMO"

ÍNDICE   Pág.

1. Objetivo   "   1
2. Considerações Iniciais   "   1
3. Experiências Precedentes   "   2
4. O Barco - Princípios Básicos do Projeto   "   4
5. Especificações   "   5
6. A Rota - Correntes e Ventos   "   5
7. Duração e Travessia   "   7
8. Porto de Partida   "   9
9. Sobrevivência e Socorro   " 10
10. Rotina de Bordo   " 13
11. Equipamento Básico   " 15
12. Considerações Finais   " 18
13. Bibliografia   " 19

ANEXOS

1. A Rota em Função das Correntes Superficiais do Atlântico Sul.
2. A Rota em Função do Transporte Horizontal em Milhões de Metros Cúbicos por Segundo.
3. Trajetória de Luderitz a Salvador em Relação a Correntes, Ventos, Temperatura e Curvas de Declinação Magnética.
4. Recortes: Folha de São Paulo 10.03.80
            Les Cahiers Du Yachting Juin/1980.
            Foto
5. Tábua de Pontos do Casco
6. Dr. Alain Bombard: Náufrago Voluntário
7. Tom Mac Lean
8. Portos de Partida Para as Travessias no Sentido E - W - Atlântico Norte.
9. Portos de Partida para as Travessias no Sentido W - E - Atlântico Norte
10. Foto: Gerard D'Aboville.

Página de apresentação do dossiê.

O Barco - Princípios básicos do projeto

- Embarcação pontada (fechada) insubmergível através de câmaras estanques e compartimentos fechados com espuma de células fechadas.

- Auto adriçável através da colocação de todos equipamentos, mantimentos e água em compartimentos fixos abaixo da linha d'água, abaixando o centro de gravidade, e através de sistema de bombas manuais e lastros líquidos (Fig. 01) que permitem ao barco, uma vez capotado, voltar à posição normal simplesmente bombeando-se água do mar para os lastros.

- Propulsão a remo, por um par de remos fixos por forquetas giratórias e reguláveis, intercambiáveis com 3 outros pares de medidas variáveis.

- Cockpit de pequeno volume interno e auto esgotável, com sistema de captação de água de chuva.

- Compartimento de proa e cabine de popa estanques com portas herméticas, permitindo acomodação para o remador e equipamento em lugar seco e abrigado.

- Bolina retrátil e leme com duplo comando, formando plano de deriva para evolução com ventos laterais.

- Posto de remo com opção de assento fixo ou móvel, para fazer uso das pernas em mar liso.

- Desenho que permite ao barco receber o mar sempre pela popa, sendo a fuga a opção normal em condições de mau tempo, com as âncoras de mar devendo sempre ser soltas pela popa para estabelecer a deriva no sentido da proa da embarcação. (Fig. 01).

- Construção do casco e convés em laminado de mogno moldado em 4 camadas transversais de 2,5 mm, com alta resistência a impactos (arrebentação, abalroamentos, cetáceos) e revestimento externo em resina epoxi sobre manta de tecido sintético, com pintura acima da linha d'água na cor amarelo socorro intercalada por faixas metálicas espelhadas e radarisáveis, e abaixo da linha d'água com tinta "Anti-fouling" nas cores verde-azul marinho, para evitar a atração de cetáceos.

- Sistema elétrico compreendendo equipamento de rádio comunicação (estação rádio amadora e V.H.F.), iluminação, navegação e detecção de radares (D.R.O.M.) alimentado por baterias estanques carregadas por painéis solares fotovoltaicos.

Página do dossiê descrevendo o *I.A.T.*

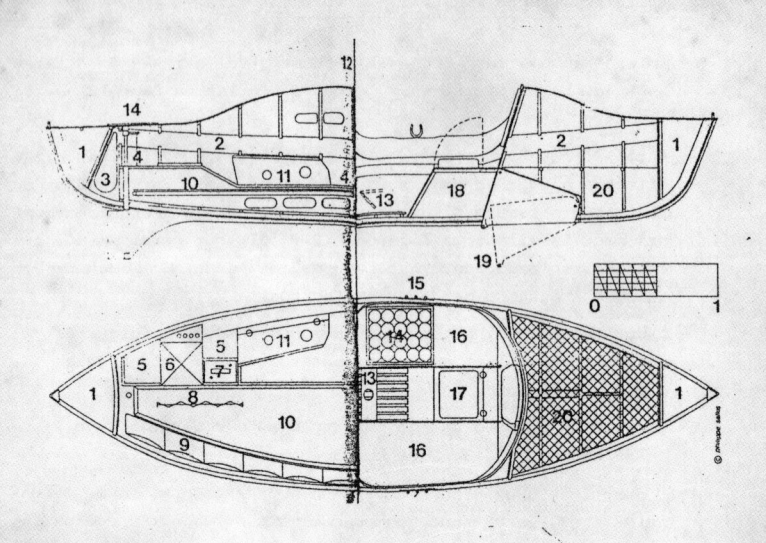

1. Compartimentos fechados com espuma
2. Cintura de espuma em toda volta do barco
3. Reservatório p/ bebidas "quentes"
4. Regulagem do comando de leme
5. Compartimentos fechados
6. Compartimentos estanque p/ rádio e instrumentos de navegação
7. Baterias
8. Acomodação para mantimentos de emergência
9. Compartimentos p/ roupas
10. Cama e colchão de espuma
11. Mesa removível
12. Antena de rádio
13. Finca-pés regulável
14. Painéis solares
15. Forquetas giratórias reguláveis
16. Tanques flexíveis de água doce (4 de 50 litros e um de 90 litros sob a cama)
17. Assento do remador sobre trilho opcional e regulável
18. Compartimento estanque p/ cabos e âncoras de mar
19. Bolina escamoteável em caixa estanque
20. Compartimentos para mantimentos, fixos no fundo.

Os primeiros desenhos do barco que faria a travessia.

Equipamento Básico

- Móvel
  - 4 pares de remos, construção "Guido"
  - 2 pares de forquetas sobressalentes
  - 6 âncoras de mar com diâmetros de 30 a 90 cm.
  - 1 âncora C.Q.R.
  - 60 m cabo nylon, poliester, 14 mm.
  - 100 m cabo nylon, poliester 8 mm
  - Balde, esponjas, escova p/ limpesa do casco

- Fixo
  - Assento sobre trilho com opção móvel-fixo
  - Capota dobrável p/ abrigo do sol
  - 2 Escotilhas plásticas "plastimo*
  - Respirador estanque p/ cabine
  - 2 bombas de membrana "whale urchin" c/ válvulas
  - 1 bomba de membrana p/ água doce
  - 10 tanques para água doce e salgada flexíveis
  - Sistema de válvulas "T" para transferência de água entre todos tanques.

- Eletricidade - Rádio
  - 2 painéis solares fotovoltaicos "Heliowat - B"
  - Bateria estanque "AC Delco"
  - Luzes de navegação
  - Odômetro - Velocímetro p/ baixa velocidade
  - V.H.F. marítimo portátil, a pilhas e 12 volts
  - Rádio transmissor receptor SSB "Kenwood TS-130"
  - Antena marítima de elementos, p/ 15, 20 e 40 metros
  - Mini receptor marítimo de ondas curtas, banda corrida
  - Despertador a quartzo

- Material de Navegação
  - Cartas marítimas e piloto do Atlântico Sul
  - Sextante
  - Calculadora Astronômica "Tamaia NC 77"
  - Tábuas HO 249, almanaque náutico, efemérides, lista de faróis, livros de bordo.
  - Bússola vertical "plastimo"
  - **Alidade prismático, 2 cronômetros, réguas de navegação**

A lista dos equipamentos necessários no dossiê.

Criamos um sistema de lastros líquidos, com tanques flexíveis de borracha que ficavam embaixo do barco, abastecidos com duzentos litros de água, fazendo o barco voltar sempre à posição normal. Mesmo que capotasse durante a tormenta, ele voltaria ao prumo depois. Como um joão-teimoso de madeira cruzando o Atlântico, uma casca de noz rodando de ponta-cabeça pelo mar, seguindo a força das correntes, capotando e descapotando da África ao Brasil.

Assim nasceu um barquinho muito marinheiro, inspirado na sensibilidade das pessoas que não fazem uso de embarcação para passear, mas para viver. Com linhas clássicas, curvas simples e alinhadas, com proa e popa de dimensões semelhantes, o barco com que eu atravessaria o Atlântico foi inspirado na engenharia da necessidade. *I.A.T.*, o barco, é uma espécie de irmão das canoas que, desde menino, eu admirava secretamente, atento às inúmeras diferenças no design em função do estilo de cada mestre canoeiro.

Aos dez anos eu comprara minha primeira canoa, feita de cedro, e linda, toda azul e branca. Só mais tarde descobri que *Max* fora construída pelas mãos competentes de Mané Santos, um dos mestres mais respeitados da baía de Ilha Grande. O Brasil é um dos países mais ricos em diversidade de estilo e técnicas de construção de embarcações. São dezenas de tipos de jangadas, canoas com características e funcionalidades próprias, adaptadas para cada pedaço da costa ou trecho de rio. É uma arte fascinante, patrimônio cultural de extremo valor, que se transforma e vai desaparecendo pouco a pouco.

Na época foi polêmica a ideia de construir um barco utilizando a tecnologia dos marinheiros, as pessoas com quem eu mais gostava de conversar em Paraty. Houve muita resistência e incredulidade por parte dos especialistas formados nos grandes centros universitários. Não que eu rejeitasse o uso da engenharia acadêmica, convencional. Mas o fato é que os canoeiros, que ganham seu sustento construindo as próprias embarcações, e muitas vezes não são alfabetizados, ou não tem dentes, podem nos revelar uma sabedoria surpreendente, inigualável, adquirida através de sua relação cotidiana com o mar.

A minha experiência no remo também foi crucial para a construção do barco, já que instalamos o sistema de assento deslizável no *I.A.T.*, idêntico ao usado pelos atletas nos barcos olímpicos. Com o assento sobre as rodinhas, 60% do esforço da remada passam a vir das pernas. Pouco antes da travessia, consegui me encontrar com D'Aboville numa viagem que fiz à França especialmente para ouvi-lo, depois de ter lido tantas vezes o seu livro. Foi uma grande surpresa, ele me recebeu com entusiasmo e esclareceu muitas dúvidas – foi importante citá-lo no dossiê como um valioso consultor, e de fato o contato com o escritor e navegador francês foi decisivo para a minha travessia. Mas não me contive durante a nossa conversa e perguntei por que ele não havia usado o assento deslizante no seu bravo *Capitaine Cook* – e foi muito engraçado quando ele respondeu em seu estilo irônico, bretão: "porque você não me ligou antes, imbecil!"

Acompanhando o desembarque do *I.A.T.*, na África.

ONDE ELES MORAM

Desenhar longos períodos de autonomia estendida em um barco é imaginar nosso mundo no futuro. Gosto desse exercício logístico, em que mais importante do que saber o que você vai consumir é quantificar os problemas. Construímos barcos que partem para a Antártica com três anos de autonomia, trabalho onde se entrelaçam várias áreas de conhecimento. Não conheço muitas embarcações no mundo que alcancem essa autonomia, com três anos de víveres, suprimentos, diversão, alegria, tristeza, roupas. Energia, água, coleta de esgoto, licenças, autorizações, meios de reparo para nós e terceiros, meios de comunicação, tudo. Quando saímos do píer para a Antártica, estamos vivendo três anos na frente.

Gostamos de cozinhar, de receber as pessoas, desfrutamos de grande alegria gastronômica a bordo, e nos empenhamos do mesmo modo em questões de segurança, em quantificar a energia que um ser humano consome por hora, dia e por mês. Não há espaço para redundância. Precisamos saber quanto gastamos de água, quanto de nossa água se transforma em esgoto, quantos metros de papel higiênico serão necessários. O problema é maior quando você não quantifica os dados. O privilégio de participar do projeto, da construção, de errar, da gente brigar e se arrepender, dizer "não vai funcionar", acaba gerando um entendimento final e encontramos soluções eficazes. Simplesmente ir de carona não é uma coisa que me anima. Quando você desenha o barco, cuida da construção, do transporte, da regularização, dos equipamentos, de tudo – é uma experiência completa. Esse é o diferencial.

Gosto de soluções eficientes que sejam confiáveis ao longo do tempo, e atendam nossas menores indagações. É nos detalhes, que muitas vezes ignoramos ou não percebemos, mesmo estando diante dos nossos olhos, que reside a diferença entre um projeto que dá certo e outro que não obtém êxito. Eu gosto de projetos ousados e é difícil explicar porque eles demoram tanto tempo para acontecer. Eles não envolvem apenas pessoas, mas o esforço dessas pessoas durante muito tempo. É um desafio matemático, mecânico, humano. O grande motivador é o processo.

"O Amyr sabe ler na nossa fala, no tom de voz, se há algo que não foi bem resolvido, ou explicado. É gentil, sempre atencioso, mas não aceita qualquer resposta. Isso me ajudou bastante: antes de apresentar uma agenda, procuro estar preparada para todas as perguntas. E são muitas... É uma pessoa que pensa com antecedência, no todo e em cada pequeno detalhe da gestão de uma viagem, desde a ideia inicial, o primeiro destino, o roteiro – até em como vai trazer as embalagens de volta no barco..."

ANA YAHN
Produtora, assistente de Amyr há 30 anos.

Um dos mais belos planejamentos da história da humanidade é a viagem de Roald Amundsen, o primeiro a alcançar o Polo Sul em 1911. O navegador norueguês concebeu cada detalhe com grande esmero, astúcia e antecedência. Com 18 homens, enfrentando o poder do Império Britânico, ele conseguiu chegar ao polo geográfico antes dos ingleses – tomando conhecimento dos erros estratégicos dos rivais, para aperfeiçoar equipamentos ou alterar planos de sua equipe. Apesar de pressionado pelo tempo, ele se preparou cuidadosamente antes da partida.

Amundsen viveu mais de um ano em uma comunidade de esquimós, para entender seus pequenos hábitos. Decifrou como eles resistiam tão melhor ao frio sem usar lãs – o material que os ingleses utilizavam predominantemente, em suas vestimentas para as expedições polares. Aprendeu como poderia tornar mais resistentes os calçados para caminhar em geleiras, e também as alternativas mais eficazes para confeccionar as luvas. Soube que a missão britânica mandara um representante do governo para comprar *huskies* siberianos, mas sabia que os melhores cachorros eram da Groenlândia, então enviou um amigo para aquele país com a missão de criar uma matilha de cães e treiná-los especialmente para puxar trenós. Só depois de concluído esse processo os animais foram incorporados à expedição.

O comandante norueguês finalizava seus preparativos quando soube que o almirante americano Robert Peary acabara de conseguir alcançar o Polo Norte, depois de muitos anos de tentativas frustradas. Foi então que Amundsen, sem que ninguém soubesse, mudou secretamente seus planos. Partiu com o seu fabuloso navio polar, o *Fram*, e na Ilha da Madeira, última escala antes de prosseguir viagem, convocou todos os homens no convés. Anunciou que invertera a rota. Dali para frente, seguiriam para o Polo Sul, para alcançá-lo antes dos ingleses. Como a expedição fora financiada pelo governo norueguês para

Paratii 2 em construção no estaleiro, 1999.

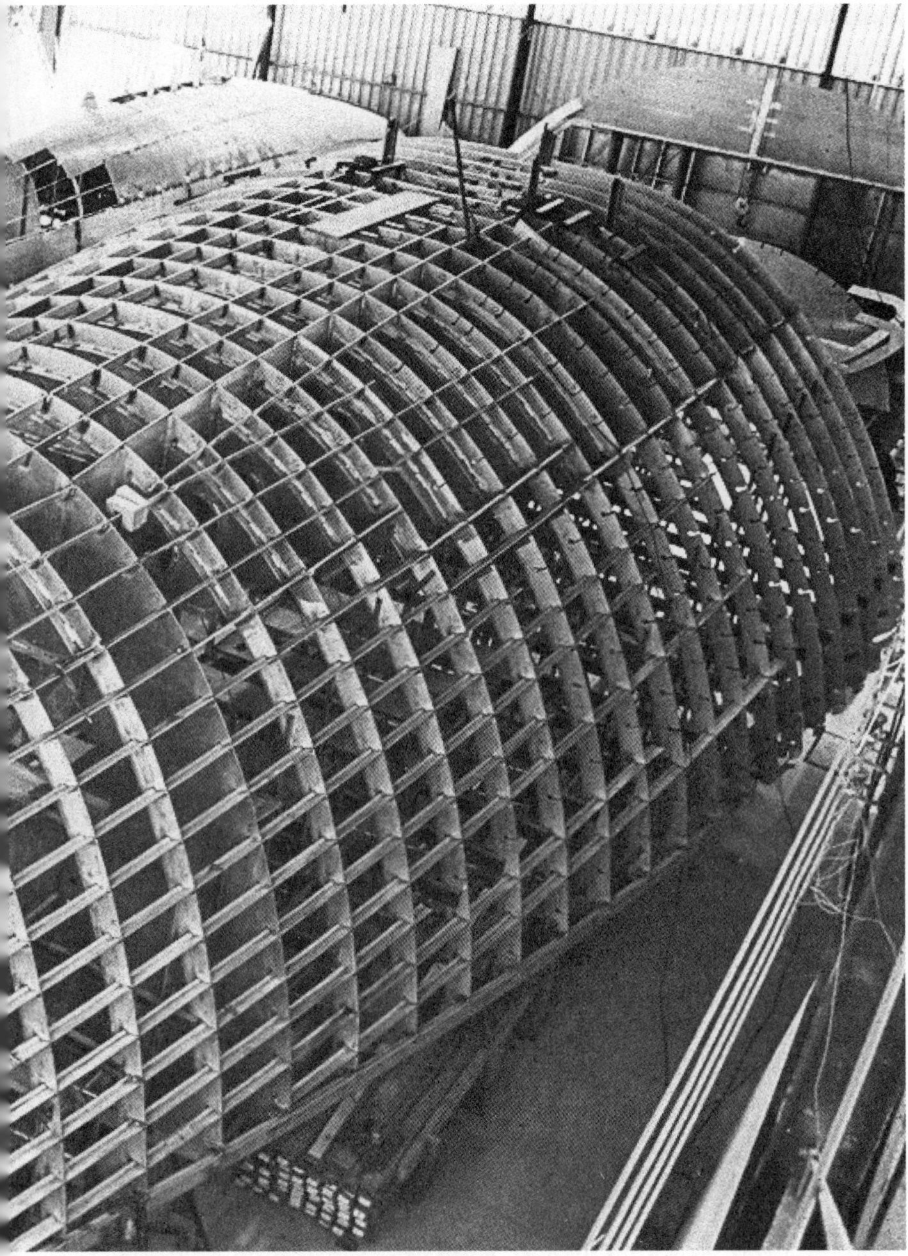

explorar o Polo Norte, a partir daquela decisão eles estariam viajando de forma ilegal, o que Amundsen deixou claro para todos os tripulantes – liberando sem qualquer pressão quem não quisesse prosseguir na missão.

Todos os homens de Amundsen o seguiram com grande entusiasmo, motivados pelo desafio que ele soubera incutir de forma realista na tripulação. O comandante definiu com clareza as funções de cada um dos membros da missão, quais ficariam acampados no gelo e quantos fariam parte do grupo de ataque ao Polo – evitando qualquer tentativa de açodamento, competição e adulação interna, o que acontece quando colegas disputam a preferência do chefe para serem incluídos em etapas consideradas mais nobres da missão.

Ele pensou em todos os problemas possíveis. Pesquisou tudo que conseguira sobre expedições. Estudou astronomia, ergonometria, mecânica. Redesenhou o formato das latas de mantimentos, para que as tampas ficassem menores e assim todos conseguissem abri-las rapidamente, sem tirar as luvas em temperaturas de quarenta graus negativos. Calculou o desgaste das botas e até mesmo previu quando, a certo ponto da viagem, metade dos cachorros seria morta para virar alimento para a outra metade.

Em novembro de 1911, a expedição do capitão inglês Robert Falcon Scott já havia partido para o Polo Sul, com dezenove pôneis da Sibéria e trinta cães. Dois meses depois, nenhum dos animais estava vivo, mas os britânicos continuavam dispostos a alcançar seu objetivo. Exaustos, desfigurados, já muito próximos do polo, Scott e seus homens encontraram traços na neve. Em meio a uma tempestade, viram a bandeira da Noruega ao lado de uma tenda, com a mensagem de Amundsen – que por lá passara 35 dias antes, seguindo por uma rota totalmente desconhecida, sem um único incidente grave. Os homens de Scott fizeram a foto dessa tenda e da bandeira, registrando a vitória histórica dos noruegueses, e morreram semanas depois numa tempestade de neve, no caminho de volta, a apenas 16 km de sua base.

Um detalhe na execução ou um erro no projeto da construção de um barco pode custar não apenas prejuízo material, mas a vida de alguém. Se uma solda foi mal feita ou se um fusível arrebenta quando se está navegando na Antártica ou no Mar de Drake, por exemplo, pode ser o fim de tudo. Durante a fase de planejamento de um projeto, é mais comum desconsiderar pequenos entraves, que no papel talvez não adquiram a dimensão de um problema futuro. Se não nos dedicarmos até os ossos na resolução desses ajustes, aparentemente inócuos, podemos ser surpreendidos por situações mais perigosas em alto mar.

Uma cupilha ou uma porquinha que custa centavos pode ter a mesma importância de um mastro de milhares de dólares. Porque se a cupilha escapar, ou se o parafuso estiver sem a porquinha, vão o pino, a vela e o mastro. Na estrutura de um projeto, todos os detalhes importam, como todas as funções devem ser respeitadas e as pessoas ouvidas. Existem os velejadores de grande experiência, que identificam rapidamente os problemas e sabem resolvê-los. Outros não têm muita destreza, mas iniciativa ímpar, boa vontade, e a preciosa virtude de se colocar à disposição. É o caso do Tigrão, um amigo nosso, pessoa de doçura infinita que já viajou muito conosco. É magro, desajeitado, em tudo diferente de um tigrão, apelido que dei para ele e acabou ficando... Às vezes faz trapalhada a bordo, mas sua presença é um alerta constante.

"Estávamos numa travessia perto de Ilha Bela, logo antes do *Paratii* seguir para uma grande expedição, quando escutei um barulhinho diferente no motor. Perguntei se ele estava notando, disse que não. Só que o Amyr é muito rigoroso, concentrado. Pegou uma lanterna e me chamou pra ir com ele, dar uma olhada na casa de máquinas – e não é que havia uma peça que estava começando a rachar, que precisou ser trocada logo que chegamos, antes que ele partisse para a nova viagem?

"O bom da gente ser ignorante no assunto é que não fica com vergonha de perguntar. Tento não ficar falando muito, o Amyr é ainda mais introspectivo quando está navegando. Sempre atento ao que acontece fora e dentro do barco, verificando a rota, olhando se está tudo funcionando, se algo pode ser feito, deve ser feito, mas sem ansiedade, com calma. É muito centrado no que faz. Olha: se você quer saber a verdade, ele se tornou uma das pessoas mais importantes da minha vida.

"Estava sem conseguir um bom trabalho, sem energia, confesso que naquela fase da história entrei em depressão. Foi quando o Amyr lançou o seu primeiro livro, *Cem dias entre céu e mar*. Comecei a ler no sábado de tarde, entrei pela noite e terminei a leitura no domingo. Veio uma força não sei de onde. Eu ali, jogado no sofá, inerte, sem força para resolver os meus reles problemas, e o cara enfrentando aqueles obstáculos todos! Arranjou os meios, fez o barco e depois conseguiu atravessar o Atlântico! Remando... sozinho!

"Acordei animado na segunda feira. Procurei no

catálogo, só havia um Klink. Atendeu seu Jamil. Eu disse que precisava agradecer ao Amyr por ter escrito aquele livro, ele me deu o endereço do escritório do filho. No outro dia fui até lá, e o Amyr me recebeu, muito gentil. Naquela mesma semana arranjei um emprego, veja só, comecei a trabalhar na Fedex, onde estou até hoje, e lá se vão trinta anos. Amyr e o Hermann, que era sócio dele, estavam mergulhados na construção do barco – e fiz de tudo para participar.
"Acabei ajudando na encomenda de peças pelos correios, como rádios e antenas para instalar no *Paratii*. Até que o Amyr, mesmo vendo que eu era um ignorante de mar, me convidou um dia para ir com ele de Guarujá a Paraty. Deixei o carro lá mesmo, na hora, e foi assim a primeira viagem de veleiro, de 26 horas. Mas que oportunidade de ouro, navegar com Amyr Klink! Acho que ele viu que fiquei triste quando acabou, e disse – 'olha Tigrão, você sabe que é sempre convidado, quando quiser pode voltar.'"

Ronaldo Swistalski
Gerente de recursos humanos da Fedex e velejador.

Sete mulheres maravilhosas cuidaram do cardápio da primeira travessia, um dos itens mais importantes, entre os responsáveis pelo sucesso da jornada. Capitaneadas pela nutricionista Flora Spolidoro, da Nutrimental, elas pesquisaram durante oito meses até definirem uma dieta absolutamente original, balanceada e adaptada à vida no mar. Todos os detalhes da alimentação diária foram examinados com rigor extremo: 4.200 calorias por dia, à base de desidratados, acondicionadas em embalagens individuais de alumínio e polietileno, numeradas de 1 a 119 por ordem de consumo, atendendo a uma série de pré-requisitos como baixo volume e peso, facilidade de preparo e conservação em condições adversas de temperatura e umidade.

Depois de ler o relato de alguns náufragos, fiquei muito apreensivo com a possibilidade de atravessar um calvário em alto mar pela falta de comida, ou pela ingestão de comida errada. Passar mal a bordo em função de problemas digestivos é mais comum do que se pensa, ainda mais em períodos prolongados. Eu mesmo já sofrera uma terrível experiência em apenas 48 horas, na viagem com a *Rosa* de Santos para Paraty, e também não passara muito bem na travessia de hobie cat com o Hermann, durante os 22 dias em que só comemos enlatados... Em 1952, o navegador francês Alain Bombard passou 65 dias no Atlântico, como um náufrago voluntário para uma missão científica, se alimentando apenas de peixes e plâncktons. Não queria pensar na hipótese disso acontecer comigo.

A despensa não poderia ultrapassar 150 quilos, no barco a remo construído para atravessar o oceano, e o grande segredo seria cozinhar usando só água do mar, poupando o estoque reduzido de água potável. Todos os alimentos foram desidratados sem sal e combinados de modo a anular o excesso de salinidade no preparo. Assim, eu só precisava cozinhá-los por poucos minutos, numa pequena panela de pressão. A dieta funcionou de modo exemplar durante toda a viagem, com opções para três refeições diárias que ainda mantinham o aspecto, consistência e sabor iguais aos da comida caseira.

O programa alimentar no *Paratii*, para a primeira viagem longa para a Antártica, foi um projeto até mais complexo do que

A nutricionista Maria Lucia Tafuri e o amigo Roberto Souza, organizando as embalagens de refeições.

a própria construção do barco. Quatro anos de pesquisa realizados também pela Nutrimental, dessa vez sob o comando da Takako, nutricionista das mais detalhistas que conheço. Ela é uma japonesa mais severa que um general, mas tem um coração gigante como sua competência. Elaborou um programa com autonomia para três anos e meio de navegação, incluindo quase mil itens diferentes. No total foram uns noventa mil pacotes, etiquetados um a um com suas instruções, incluindo germinadores especiais de grãos e programas de emergência, sobrevivência e abandono do barco.

Foi muito curioso constatar a importância de cada grama diária, no fabuloso cardápio definido por Takako. Quando ela finalmente terminou o projeto foi um alívio, eu não tinha mais que pensar sobre o assunto comida – estava muito mais preocupado com o frio da Antártica, com as ondas de quinze metros de altura... Mas ela exigiu que eu fosse a São José dos Pinhais, no Paraná, para experimentar os produtos. Eu estava louco para terminar outras milhares de tarefas na construção do barco. Naquele dia, as meninas que trabalhavam com Takako estavam empacotando os ingredientes do café da manhã.

Os saquinhos deveriam durar quatro anos, com componentes desidratados – como suco de laranja, ovo mexido e pão de queijo em pó... Vi um saquinho em que estava escrito "ameixas secas", e tentei abri-lo. Era uma embalagem inviolável, e comecei a fazer força, enfiei os dentes, as mãos suadas... O saquinho escorregava, elas me olhavam, e de repente estourou. No saco havia ingredientes, modo de preparo... e apenas três ameixas. Não me controlei e pedi: "Takako, não tem sentido fazer uma embalagem tão resistente para três ameixas. Deixa de miséria. Põe um punhado delas, tem espaço para mais, por que esse rigor japonês?"

Imperturbável, ela perguntou se eu sabia quanto pesava uma ameixa seca. Respondi que não tinha a menor ideia. Não fazia diferença, para quem estava levando 2.700 quilos de combustível para fazer energia e calor no barco, dois botes-reserva, de borracha, um motor de popa de reserva, duas âncoras de cinquenta quilos cada uma... Que diferença faria um punhado de ameixas ou jacas secas, no café da manhã? Ela respondeu que uma ameixa seca pesa 10 gramas e, se colocasse uma ameixa seca inteira em cada pacote, afundaria o barco. Sim, era só fazer as contas: estava levando 98 mil pacotes divididos em 11 dietas diferentes, com 2.050 itens distintos. Se em cada pacotinho entrasse uma ameixinha a mais, seriam 980 mil gramas, quase uma tonelada de ameixa seca...

Quando você não tem restrição, fica perdulário. Se eu tivesse tido todos os meios financeiros, por exemplo, não teria repensado a construção do leme na construção do *Paratii*. O ideal seria usar hélice de passo variável, mas eram muito caras. Assim, tivemos que investigar outras opções. E não teríamos como levar o barco no estaleiro, precisaríamos fazer a manutenção na praia. Portanto, também tivemos que projetar um barco que pudesse encalhar e desencalhar na praia. Foram surgindo soluções alternativas, criativas, não onerosas, numa intensidade tão impressionante, que a prática virou um modo de operação, um procedimento. A gente começou a pesquisar alternativas que os mestres mais humildes usavam, as opções inventadas por quem vive da atividade, desenvolvendo uma espécie de cultura de astúcias.

Caramba: como se consegue dirigir uma jangada de piúba, que não tem leme? Reparei que um professor de Engenharia Naval na USP não conseguia responder a essa pergunta. Uma universidade inglesa, impressionada com a precariedade do material usado nas bianas maranhenses, querendo "melhorar" as velas que os canoeiros produziam, resolveu ensinar um grupo de alunos

Amor à primeira curva pela *Rosa*, canoa elegante construída pelo mestre Mané Santos.

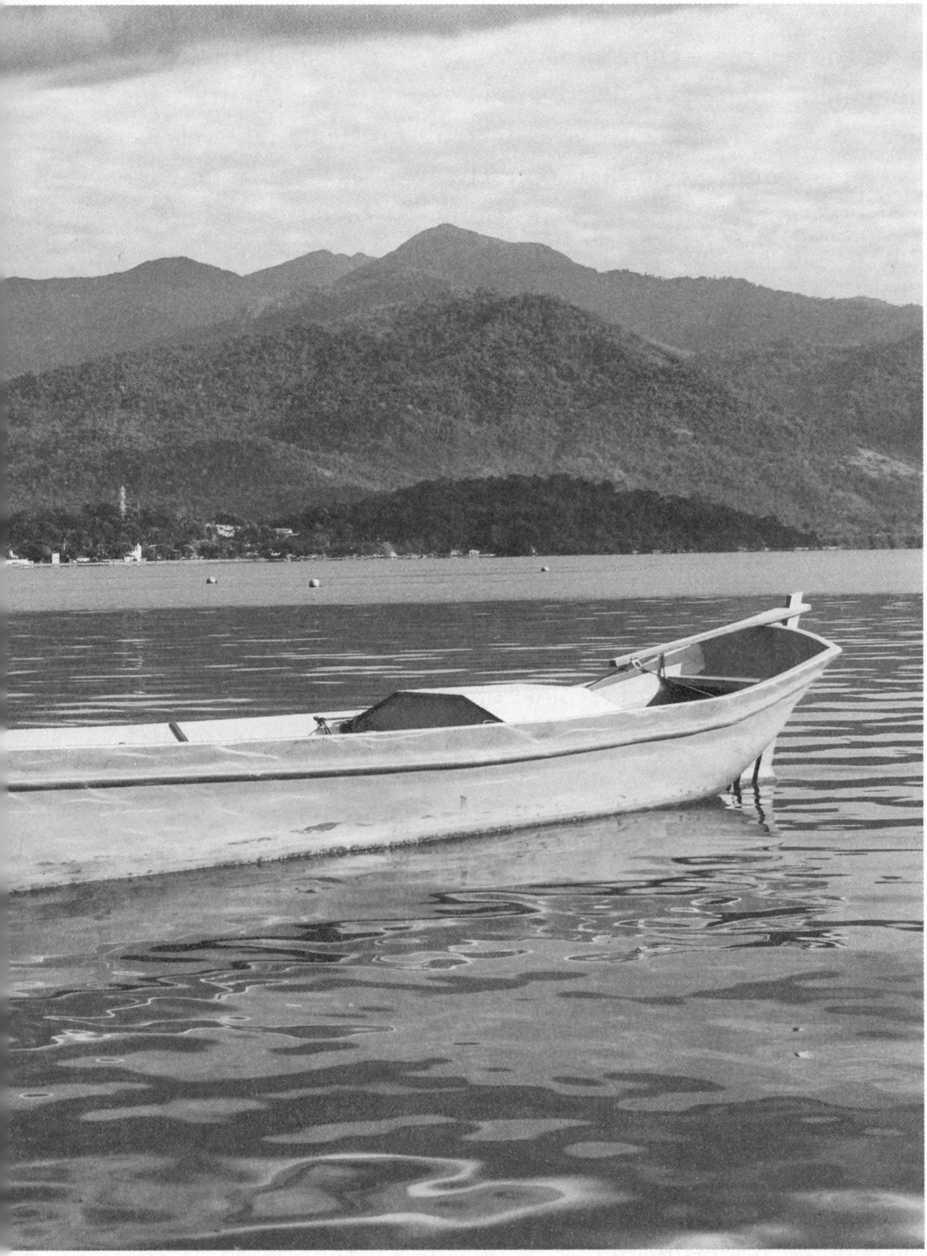

a usar tecidos sintéticos, altamente sofisticados. E organizaram uma competição – entre a biana com a vela original de algodão furadinho, comprado nos armarinhos das roças, e a outra, com mastros leves de carbono e velas de tecido resistente. A de vela vagabunda sempre ganhava da outra. Os ingleses demoraram para entender que, em função das restrições e necessidades, os maranhenses usavam um princípio diferente para velejar.

Num barco a velas, o normal é você ajustar a área vélica à intensidade do vento e à velocidade. Se o vento aumenta, você diminui a área da vela. Puxa os cabos, desce a vela. Só que os canoeiros usavam o princípio da permeabilidade do tecido – que é um método muito mais sofisticado. Por isso, sempre havia na embarcação uma cuia enorme, para que pudessem jogar água na vela. Se eles queriam andar mais rápido, tornavam o tecido mais impermeável, molhando o pano com a cuia para acelerar. Não existe tecnologia hoje que imprima essas duas qualidades em um mesmo tecido – permeabilidade e impermeabilidade. Você precisa trocar de pano para escolher um ou outro atributo. É genial – os mestres maranhenses conseguiram tornar a vela permeável e impermeável, de forma simultânea, administrando o uso d'água no tecido em função do vento. Uma sabedoria e tanto.

Quando finalmente terminamos a construção do barco para a travessia a remo, vimos que o *I.A.T.* ganhara um pouco mais de largura ao receber reforços na borda, e por uma diferença de um centímetro e meio não passaria pela porta do avião da SAA (South African Airway) que iria levá-lo até a Namíbia, para a cidade de Walvis Bay, onde havia voos regulares de carga. Fiquei alucinado. Acabei precisando embarcar de navio para levar o barco, e lá se foram mais algumas semanas de atraso.

Revendo documentos e mapas, entretanto, ao longo dessa viagem forçada no cargueiro, resolvi voltar ao plano inicial e sair de Luderitz, originalmente escolhido para a partida da África. Foi a minha sorte. Jamais estaria em melhores condições de navegar em relação à corrente de Benguela, se não tivesse saído daquele porto, onde os ventos mais fortes me afastavam do continente africano. Depois de três semanas de travessia, apesar das várias capotagens, estava fora do maior perigo daquela correnteza, o que não aconteceria se tivesse partido de Walvis Bay, região em que os ventos litorâneos podem jogar as embarcações do mar para a terra. Aquele centímetro e meio salvou minha pele.

Amyr a bordo do *Paratii*, em 1998.

SAINDO DO QUINTAL

Não existem planos perfeitos nem viagem perfeita. Mas há um momento em que você precisa partir. Sou obstinado, meticuloso e posso adiar a partida muitas vezes se ainda não considerar o projeto suficientemente seguro. Isso já aconteceu muitas vezes. Mas há quem permaneça viajando no sonho. E nunca parte para colocá-lo em prática. É muito triste, dar-se conta dos sonhos que encalharam, dos barcos que nunca saíram do quintal. Os planos reduzem os riscos, mas não podem assegurar que tudo vai dar certo na viagem.

Conheço muita gente que passa a vida inteira construindo um barco, que jamais vai considerar perfeito para a viagem – o que pode ser uma boa desculpa para a eterna espera do momento certo. Pensam, elaboram, redesenham. Mudam a rota, esperam a chegada de um novo equipamento por alguns anos. Sou metódico e perfeccionista, quando estou desenhando um projeto, mas também preciso seguir prazos, cronogramas – e um dos compromissos ao longo do tempo é dar início. Muitas vezes, a hora da partida pode nos pegar de surpresa.

A parte mais importante do planejamento é quando ele sai do papel e alcança o mundo real. Quando é aplicado no território para o qual foi concebido, obedecendo às leis da realidade daquele lugar. Nesse momento é que você vai fazer o ajuste do que sonhava, dos desenhos e planilhas, com a própria realidade.

O começo da construção do *Paratii* foi conturbado, confuso, mas foi um período de muito aprendizado. Fui consolidando os passos e também correndo o risco de parar no meio. Muita gente para. Tenho um amigo argentino que fez um barco maravilhoso, programando dar a volta ao mundo com a família, com uma professora para os filhos, tudo planejadinho. Saiu daqui de Santos, chegaram na Argentina e pronto – acabou a viagem. Brigou com a mulher, a coexistência com a professora não deu certo, as crianças não gostaram, o barco não funcionou.

Também acompanhei o processo de apogeu e declínio de um sonho ao redor do mundo, acalentado por um alto executivo, que planejou tudo com cuidado científico durante dois anos, saiu do trabalho com antecedência e tal. A volta ao mundo dele começou em Santos e acabou em Bertioga. O barco era um corolário filosófico de como aplicar as mais avançadas técnicas de gestão, monitoramento, e governança. Mas era uma ilusão desse sujeito perfeccionista. Não tinha pé no chão, não funcionou.

Ele não se prestava para comandar sozinho o barco, era muita teoria junto, e isso é incrivelmente comum. Você erra até pelo excesso de experiência, não pela ignorância. Ou seja, o que mata um projeto às vezes é a prepotência intelectual, é a imposição da solução, o fato de você não ouvir. É muito comum você não ouvir quando já tem experiência. Você precisa ter sempre uma dose de humildade. Saber ouvir. Ceder.

Foi um caos a saída do Brasil para a travessia a remo, ainda que tenha trabalhado quase quatro anos no planejamento da viagem. Tudo deu errado. Queria seguir no navio que iria levar meu barco para a África, mas só obtive a autorização para viajar na cabine do prático horas antes da partida. Não tinha arrumado as malas ainda. Os documentos estavam na Cacex do Banco do Brasil. Fiquei alucinado. Não tinha mais carro, subi na moto e saí pela Paulista na contramão. Um carro passou no vermelho e, para minha surpresa, vários outros o seguiram – era um féretro! Mau sinal, tentei ficar calmo. Quando estava chegando na porta da galeria Prestes Maia, no centro da cidade, uma mãe foi atravessar com o filho. Eu parei, mas um taxi do lado freou e o garoto se assustou, caindo no chão. Na hora, desci da moto para pegar o menino e sem prestar atenção, não abaixei o cavalete da moto e ela caiu. Pronto, todo mundo começou a gritar: "atropelou tem que morrer, atropelou tem que morrer!"

Saí correndo pela galeria, com as pessoas atrás de mim, dizendo que eu estava fugindo... Logo em seguida, o amigo que estava comigo, Roberto, lembrou que o rádio estava em Guarapiranga e ainda precisávamos ir até lá buscar, naquela correria toda. O radioamador Álvaro querendo me explicar como funcionava e eu dizendo "não dá tempo!" O Roberto ainda me lembrou – "Amyr, você tirou a vacina contra a febre amarela?". Não, eu não tinha tirado, e era obrigatória para entrar na África. Lá fomos nós para Congonhas, onde havia um posto aberto 24 horas. No aeroporto, meu amigo foi ao banheiro e não voltava. O rádio, com todos os eletrônicos que levei três anos para comprar, estavam amarrados na moto com barbante, e eu ansioso pois ele não voltava. Quando finalmente retornou, estava apavorado: a chave da moto tinha caído na privada! Eu não sabia fazer uma ligação sem chave para ligar a moto, mas ia aprender naquela hora.

Dias de agonia em que morou em Luderitz, na África, até desembaraçar o barco.

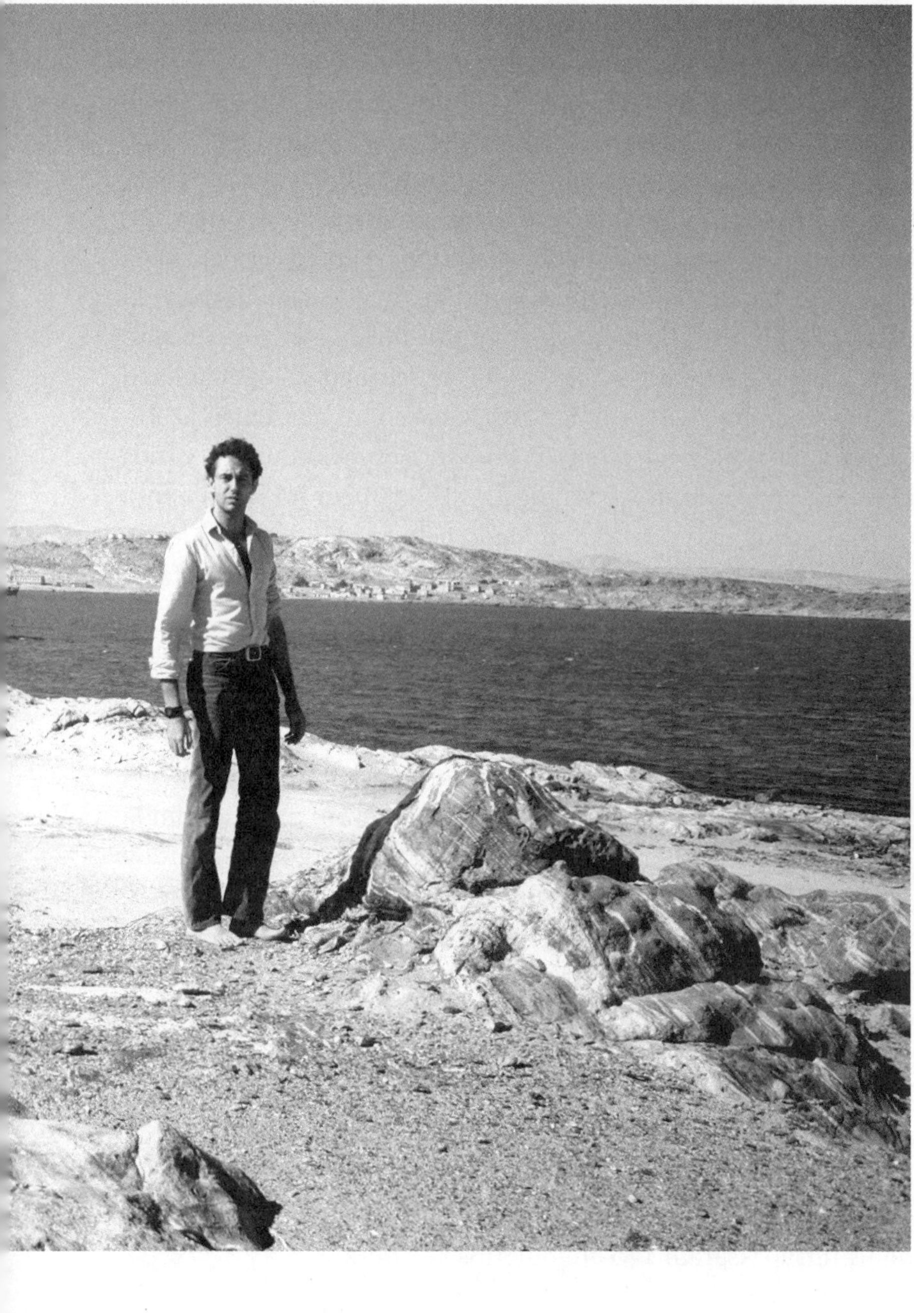

Voltei para o estacionamento e quando acabei de arrancar o chicote da moto, com todos os fios na mão fazendo o teste, uma sombra veio pelas minhas costas. Era um carro da Rota, a polícia paulista. Eu estava tão nervoso que encarei o guarda e falei: "Olha, tá tudo dando errado na minha vida, estou sem documentos, e se o senhor quiser me prender, por favor, prende logo de uma vez!" Sorte que ele respondeu: "Filho, se acalma, vai para casa". Saímos dali em disparada. Nunca tinha roubado um carro na minha vida mas roubei o carro de meu pai, uma Brasília caindo aos pedaços, para ir até o porto de Santos. Já estava escuro, duas da manhã, o navio saía as cinco, meu amigo guiando e eu numa tremenda aflição, quando precisamos frear de repente e esperar, durante vários minutos, enquanto uma mendiga agachada bem no cruzamento da rua, sozinha no asfalto iluminado pelo farol, terminava lentamente de fazer cocô... Deus do céu, olhei pro meu amigo e falei: "Roberto, será que isso é um aviso?"

Não tinha ideia de que o pesadelo anterior à partida ainda não terminara. A caminho da África, no navio cargueiro, o tempo começou a mudar depois do sétimo dia e desabou uma tempestade de proporções incomuns, assustando todos a bordo. Com o impacto das ondas na proa, as máquinas pararam e o sistema de alarmes disparou. Quem ainda dormia despertou, os cabos voavam pelo convés e a âncora golpeava o casco do imenso navio de 150 metros de comprimento. E como o seu barco a remo vai resistir a ondas dessa altura?, era o que todos me perguntavam, eu sem saber responder – embora não estivesse descrente das chances do meu barquinho sobreviver aos ventos que, naquela noite, ultrapassaram 120 quilômetros por hora.

Ao chegarmos à Cidade do Cabo, na África do Sul, soube que a agência de transportes não havia encaminhado os documentos para liberação da embarcação. Foi uma maratona para preencher guias e formulários, até que consegui a transferência do contêiner para outro navio, que seguiria para a Namíbia, apenas vinte minutos antes da partida para Luderitz. Se toda a correria anterior não bastasse, o pior ainda estava por vir. Como três tentativas de navegadores cruzarem o Atlântico Sul, a partir da África, haviam fracassado, as autoridades não queriam liberar o barco. Foram catorze dias de intensa agonia em que morei no porto de Luderitz, tentando convencer a Capitania dos Portos de que meu projeto era viável, carregando meu dossiê amarelo de cima para baixo, negociando com burocratas e oficiais. Afinal, veio uma resposta positiva, condicionada à assinatura de uma declaração em que eu recusava qualquer tipo de socorro, isentando as autoridades sul-africanas de toda responsabilidade em caso de desastre. Assinei sem pestanejar, como se fosse minha carta de alforria.

Na manhã seguinte, ainda bem cedo, ventos de 120 quilômetros por hora e ondas de mais de cinco metros castigavam o porto. As águas estavam escuras. Era um dia errado, inóspito, sombrio, e eu me sentia crivado por um monte de dúvidas, uma insegurança terrível. Mas tudo que queria fazer era sair remando pela rota que há tanto tempo definira. O naufrágio seria não partir. Restava a parte mais fácil, simplesmente remar.

No navio em que acompanhou
o barco até a África.

UNHAS
E DENTES

A pressão é um estímulo. Muita gente me pergunta: "Por que você toma tanto cuidado?" Porque eu tenho medo de morrer atracado com o barco. "Por que você fica seis horas estendendo os cabos de atracação?" Porque ao invés de passar o mesmo tempo na esteira da academia de ginástica eu prefiro ficar seis horas puxando o cabo – para poder abrir um vinho à noite, que é o que eu quero fazer, com toda tranquilidade. Tudo que eu quero é abrir uma garrafa de vinho e não ter que sair correndo do barco, de noite, porque o mau tempo nos pegou de surpresa.

Não gosto de sofrimento, nem da palavra aventureiro. Adoro a experiência de viajar, de conhecer. Vou para a Antártica porque amo a natureza daquele continente, porque as viagens se transformaram em parte essencial de nossas vidas. Não gosto de problemas, de situações dramáticas. Nem de me machucar, ou causar danos em outras pessoas. Em todos esses anos, nunca sofremos a perda de nenhum tripulante, ninguém sofreu qualquer trauma físico, voltamos a Paraty com o barco sempre em ordem, pronto para começar uma nova viagem. E uma das razões é o fato de nos empenharmos tanto para antecipar e evitar problemas.

Quando alguém está numa situação fatídica em alto mar, no entanto, algo facilita brutalmente sua luta para a sobrevivência: a certeza da punição. E a certeza da punição é a morte. Quando você está no meio da água e a pressão aumenta, a única coisa de que você tem certeza é que, se não resolver aquele impasse, estará morto.

Eu não tenho medo de ter medo. A gente até gosta de sentir medo – um pouquinho que seja. Aquela vontade de ir até o parque de diversões, entrar na casa dos horrores, subir e descer na montanha russa... Você pode até pagar por isso. Ter uma injeção de adrenalina para acordar, talvez, de uma certa letargia existencial.

Numa crise, diante de um fato pontual, quando aparece um problema a bordo e temos apenas 25 horas para resolver, por exemplo, costumo ficar mais divertido para enxergar o que acontece, não fico apavorado. Nessas horas críticas, gosto de fazer troça do destino, da situação. É o jeito de acalmar. Fico mil vezes mais engraçado num momento de tensão. Nessa hora eu não vou desistir. Vou encontrar um jeito de escapar, de inventar uma solução.

Trabalhar no banco também causa estresse. Trabalhar com metas estressa igualmente. Estressar pode ser necessário. Se você navega em momentos que exigem grande atenção, o medo, a adrenalina, estimulam ainda mais a sua percepção. Funcionam como um motor, um estimulador. Não é a glória, a fortuna, a realização pessoal que vão mover. Não é o desejo de entrar para o livro dos recordes, mas o estresse de não poder errar, de não poder machucar o barco nem perder a vida.

Você não resolve nada na força bruta. É preciso poupar esforço para não se machucar, não se exaurir. Você tem que resolver os problemas com inteligência. Se a vela começa a bater de um lado para outro e você usa a força – um tapa no punho da vela fratura um crânio, quebra um braço, que nem um palito de fósforo. Quando temos problemas que demandam um empenho físico muito violento, é melhor não enfrentá-los – olhe, pense. Às vezes é preciso levar dois dias só para regular os panos. Mudar o rumo do barco? É possível, a partir de algum tempo que você deve começar a calcular. Sempre existem várias soluções.

    Já passei por muitas crises. Não apenas em alto mar. Como todo mundo vivi situações de intensa tristeza, ou períodos mais prolongados de dificuldades financeiras, enfrentando problemas pessoais e familiares. São nesses momentos de extrema agonia que é mais difícil e necessário não perder o controle da situação. Ao tentar sair da crise podemos aguçar nossa criatividade. Existem inúmeros exemplos de surtos de criação artística, científica, em momentos de opressão econômica ou política, como nos anos 1970, quando a música popular brasileira deu um salto de inovação para superar a censura imposta pela ditadura militar. Em momentos terríveis, em que você precisa inventar uma solução, você inventa.
    Assim como um cavalo tenta escapar de um lago fundo e um rato vai lutar para subir pela borda do balde, se você precisa encontrar uma saída para sobreviver, vai se empenhar até os ossos para conseguir. É reação instintiva. Ah, mas é preciso muito equilíbrio emocional para superar a crise, todo mundo fala e nos perguntamos também. Ainda mais quando enfrentamos a ruína das instituições de um país, seus valores morais e institucionais, se desequilibrando, caindo em pedaços. Não

Alerta no comando do *Paratii* na Geórgia do Sul, 1998.

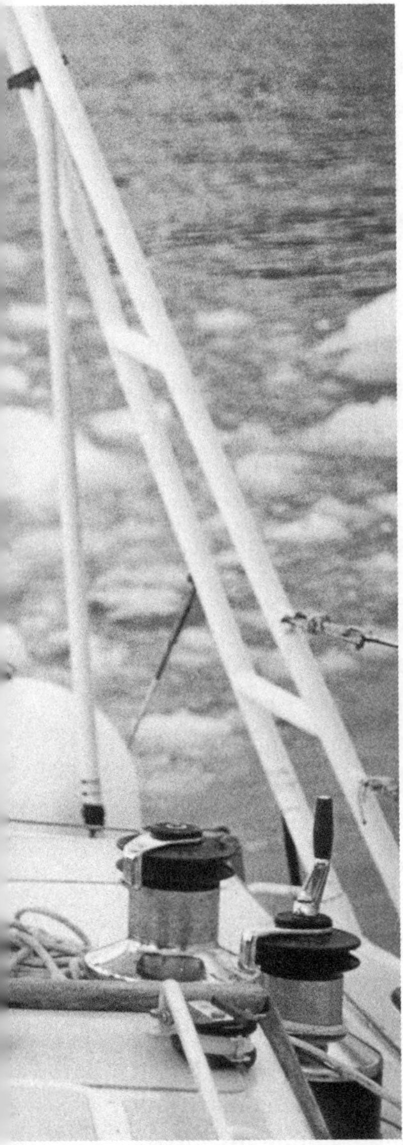

acredito na eficiência de uma artificial preparação para obtenção desse equilíbrio emocional – você o adquire, na verdade, preparando-se de forma consistente e objetiva para os problemas que sempre estão por vir. Pode ser que se surpreenda encontrando capacidades que nunca imaginou ter.

Quando decidi que faria a travessia a remo pelo Atlântico, precisei me preparar durante alguns anos pois o projeto exigia várias habilidades que eu não tinha. Fui me despindo aos poucos do que eu acreditava que deveria ser, do que presumia, para procurar pessoas que entendiam muito de cada assunto específico. E tudo com o tempo apertado, recursos escassos, indo de ônibus de São Paulo para o Rio, onde ficava o estaleiro durante os anos da construção do barco. Tive que aprender astronomia, medir a altura dos astros, e não é muito fácil conseguir fazer esse exercício com precisão, e navegando em barcos baixos, com o horizonte próximo – é a ciência da aproximação do improvável.

Hoje tenho plena convicção de que só consegui alcançar meu objetivo porque havia uma baita pressão por trás. Eu precisava fazer. A sucessão de barreiras a ultrapassar, nas mais diversas etapas do processo, a burocracia para chegar na África – e, meu deus, a burocracia para sair da África! Como consegui desembaraçar o barco e partir, como enfrentei aquela aduana. Pensando bem e olhando para trás, a gente enxerga claramente que a pressão é um estímulo, e sem ela muita coisa pode não acontecer.

Essa capacidade criativa para se virar é uma característica brasileira notável. Cada um se vira de um jeito. Muito parecido com o que meus tios contavam do Líbano. Dá-se um jeito, monta-se um negócio na esquina. Os libaneses poderiam perder tudo que construíram numa vida, mas saíam para mascatear em outro quarteirão, sempre encontravam uma nova rua. Israel bombardeia uma ponte, na semana seguinte eles estão lá construindo uma nova no lugar. Nunca vi um país com tanta obra em curso.

Mas no Brasil nos falta orgulho de produzir, nos falta resiliência. Há um desânimo maior nos desempregados. Os brasileiros vêm sofrendo duramente com o recente declínio da atividade econômica – mas existe acomodação, também. Infelizmente, o Brasil é aquele país do mais ou menos. Do meia-boca. Engenharia, planejamento, economia, tudo se resolve sem rigor, sem a determinação de se atingir o máximo com o mínimo. Não buscamos a excelência, preferimos o caminho mais rápido, mais fácil, o jeitinho pelo qual depois teremos que pagar um preço muito mais caro.

Relatos de quem sobreviveu a guerras, desastres naturais, gente que superou longas e profundas depressões econômicas, as histórias de náufragos que conseguiram escapar – costumam nos revelar mistérios, como as capacidades que só descobrimos ter em circunstâncias extremamente adversas.

O navegador americano Steven Callahan ficou 76 dias à deriva no Atlântico. Enfrentou momentos de grande angústia e depressão, quando chorava e se sentia desamparado como uma criança, mas conseguiu alternar o desespero com uma férrea vontade de sobreviver. Arquiteto naval, ele construíra o barco de 6,5 metros e planejava viajar pelo Atlântico das Ilhas Canárias até as Bahamas. Pouco antes que seu barco afundasse, depois de sofrer um dano no casco ao longo de uma tempestade, conseguiu levar alguma comida, água, um arpão, cartas de navegação e um saco de dormir para o bote salva-vidas.

Conta que precisou instalar uma rotina para sobreviver, se exercitando diariamente, fazendo pequenos reparos, pescando com um revolver que também conseguira trazer do barco. Ele disse que só foi capaz de enfrentar a deriva se comportando como "um homem das cavernas aquático". Cruzou com nove navios mas sabia que um transatlântico não poderia avistar seu bote vagando pelo oceano. Cerca de cinquenta dias depois de ficar sozinho em alto mar, pensou em desistir de tudo, mas a certeza de que assim poderia morrer, em questão de horas, fez com que se reanimasse. Até que, finalmente, o bote acabou se aproximando de uma ilha, já na região do Caribe, e foi resgatado por pescadores.

Também é impressionante a história do casal de ingleses Maralyn e Maurice Bailey, que naufragaram no Oceano Pacífico em junho de 1972, permanecendo 117 dias à deriva, em alto mar. Eles navegavam da Inglaterra para a Nova Zelândia, passaram pelo Canal do Panamá, mas alguns dias depois o veleiro de 31 pés foi atingido por uma baleia no casco, com força, e afundou em poucos minutos. Os dois conseguiram juntar alguns suprimentos, um mapa, a bússola, e saltaram para o bote salva-vidas.

Foi a mulher que salvou o casal, encontrando soluções inteligentes para sobreviver depois que a comida acabou. Conseguiu fazer um anzol para pescar utilizando alfinetes de segurança; desenvolveu um método para guardar alimentos e mantê-los vivos, amarrando tartarugas umas nas outras e matando-as ao longo dos dias, que viraram semanas, e depois meses...

Maurice era um homem forte, ágil, mas se deprimia com facilidade. Ao longo de quase quatro meses de naufrágio, eles chegaram a cruzar sete navios sem serem vistos – é quase impossível que, de um convés gigante, alguém enxergue um minúsculo bote no mar. A cada navio que passava e não via o casal, Maurice se abatia profundamente. A mulher resistia, lutava o tempo inteiro para sobreviver. Os dois enfrentaram ainda tempestades violentas, e depois do bote ficar à deriva por cerca de 1.500 milhas, ou cerca de 2.400 quilômetros, foram resgatados por um barco pesqueiro coreano.

"Ficamos sem notícia do Amyr naquela virada do ano, de 1998 para 1999. A Internet em seus primórdios, o sinal caía toda hora. Estava com as gêmeas em Paraty, as meninas ainda com pouco mais de um ano de idade. Não tinha com quem dividir nenhum tipo de aflição. No dia 24, antes do Natal, ele conseguiu telefonar mas disse que o vento estava forte demais. Precisou desligar logo depois para voltar ao comando do leme; o barco ficara no piloto automático enquanto ele fazia a ligação. No dia seguinte, a televisão começou a dar notícias das tempestades que atingiram a região das altas latitudes, onde estava sendo realizada a regata Sydney-Hobart – exatamente onde o Amyr navegava naquela semana, uma época do ano quando as tormentas já são frequentes, as depressões, o mar grosso com ondas de até quinze metros de altura...

"Nas imagens de satélite, o registro das tempestades se assemelha ao desenho de um ovo frito, com o centro do furacão e seu perímetro de atuação em volta. Mas naquele final de ano a TV mostrava a situação alarmante, ondas de mais de vinte metros no Pacífico Sul, e tormentas que aconteciam de forma simultânea, como dois ovos estrelados! A imagem não deixava dúvida quanto ao potencial catastrófico da situação. Não conseguia entrar em contato com Amyr, ele não telefonava, o sinal da internet caía. Enquanto isso, não paravam de chegar notícias de desastres no mar, ocorridos durante a regata, com a morte de seis participantes e o naufrágio de cinco barcos, além dos sessenta barcos desistentes nas primeiras 24 horas da corrida. A preocupação só aumentava. Eu sonhava com corpos boiando, paredes de água derrubando tudo. E o Amyr no mar, precisamente naquela faixa do planeta, uma semana em silêncio.

"Foi um alívio monstruoso quando o telefone tocou, no dia 3 de janeiro, e ouvi sua voz. Estava moído, exausto, o barco tinha deitado umas vinte vezes. Mas felizmente tinha conseguido, ficou mais de dois dias e duas noites sem dormir, navegando de costas, sozinho no veleiro. Claro que deu medo, que sofri, o coração ficou apertado. Mas era um sonho, uma viagem para a qual ele se preparou durante vários anos. Planejou da forma mais meticulosa, cuidadosa, e partiu. Eu sabia que ele estava lá, dando tudo o que podia. E era muito. Só podia sentir orgulho porque ele conseguiu. O sonho é o que move o Amyr, ele não se intimida pelo obstáculo. No fundo é um homem movido à emoção".

MARINA BANDEIRA KLINK
Fotógrafa, produtora e velejadora. Casada com Amyr desde 1996 e mãe de suas três filhas.

Uma tempestade me abraçou no Oceano Pacífico, ao sul da Tasmânia, naquele final de ano. Foram cinquenta horas sem dormir, talvez o período mais extenso de tempo em que não deu pra piscar. Estava sozinho, ventos de 120 quilômetros por hora. Muralhas de água gelada explodindo contra o casco do veleiro. Com apenas quinze metros de comprimento, o *Paratii* descia por gigantescos tubos d'água, as ondas vinham de todas as direções. O mar estava desmoronando ao meu redor. Não havia meio de saber por quais ondas estava descendo, se pelas de norte ou de oeste.

Comandar pela bússola também não resolvia o problema. Virei de costas para a proa e, olhando para as ondas, segurando o leme por trás, descobri um jeito de pilotar ao contrário, apenas controlando as paredes de água e a birutinha de vento da targa traseira. Surfando de costas, quem diria. O vento estava forte demais, e o *Paratii* deu umas quatro ou cinco mergulhadas. Provou ser um barco e tanto, se fosse mais frágil a viagem teria acabado ali mesmo.

Senti muito medo. Foi um teste violento, eu navegando de costas e com ondas cruzadas. O barco voava de lado uns sete ou oito metros. E não era possível entrar em pânico. Se entrasse, perdia o controle do leme e a vida, no mesmo segundo. Fiquei exausto, com dores no corpo todo. Às vezes olhava para o céu e provocava: "e aí, quer mandar mais onda? Mais vento, mais chuva, onda mais alta, pra ver até quando eu aguento? Tem como piorar, essa situação?" As ondas deram muito trabalho, o mar ficou branco.

O leme de vento segura o barco em qualquer situação, mas daquela vez ficou de folga. Não deu para usar nem o leme de vento nem o piloto automático. Não era bem assim que tinha pensado em passar o fim de ano e começar vida nova, enfrentando uma tempestade de proporções incomuns. Quando conseguia surfar sobre as ondas, naquela imensidão, com o barco deitando e voltando, eu gritava sozinho. Era um pavor, mas ao mesmo tempo uma sensação importante de controle. Descia surfando com o coração na mão. O barco ameaçando ser tragado pelas ondas, vindas de todas as direções. O mar estava um demônio. Ter passado nesse teste me deu imensa satisfação.

> "As gêmeas estavam lindas, vestidas para a primeira festa de carnaval que iriam na vida. Foi na escola. 'Baxaxinha', dizia a morena. 'Passassinha', dizia a loira. Usavam máscaras de palhaço feitas de cartolina, e se divertiram muito. Não podiam imaginar o que o pai tinha passado, horas antes de sairmos de casa. Amyr telefonou de manhã. Senti que estava bastante tenso. Também, pudera... Depois de 37 horas de navegação, tomando muito cuidado com as geleiras do caminho, finalmente conseguiu ancorar na base brasileira da Antártica. Estava conversando calmamente em terra firme, quando ouviu alguém dizer que o *Paratii* estava indo embora sozinho.
> Foi de repente, uma chuva tropical fora de hora com ventos de quase cinquenta nós (90 Km/h), que chegaram do Drake, o estreito onde se encontram os dois oceanos, Atlântico e Pacífico. Naquela região, as ondas sempre assustam. Foi muito difícil alcançar o barco no mar. Resumindo o que ninguém melhor que ele poderá contar depois: se molhou mais no percurso do resgate do barco do que em toda viagem até agora."
>
> MARINA BANDEIRA KLINK
> em seu diário de 11 de fevereiro de 1999.

Estava feliz da vida depois de ter tomado um banho quente, com toalha privativa, xampu, desodorante... O terceiro banho do ano, em fevereiro! No jantar ainda teve feijão com arroz e frango com pimenta. Já visitei bases em vários portos e, na Antártica, estações americanas, escandinavas, russas, gente que está trabalhando duro fora de casa. E que diferença, quando você ancora numa estação brasileira, o calor com que recebem as pessoas. Brasileiros têm alguns defeitos como desorganização, memória curta, impontualidade, incapacidade de dizer não, detestam pensar sobre o próprio futuro.... Mas uma qualidade brilha, nestes tempos de individualismo e competição: a hospitalidade.

Depois do delicioso jantar na base Comandante Ferraz, fui dormir no *Paratii*, mas no outro dia aceitei o convite para o almoço. Dentro do refeitório aquecido, depois de uma ótima sobremesa, não era possível ouvir o barulho das rajadas de vento, que deviam estar aumentando velozmente. Estávamos numa faxina na sala de vídeo, eu levantava as cadeiras enquanto o comandante Aquino varria o chão, quando ouvimos alguém gritar: "O *Paratii* desgarrou! O *Paratii* desgarrou! Tá indo para a direção de Arctowski!"

Saímos em disparada, mas antes de deixar a estação é preciso passar por uma espécie de incubadeira, uma sala superaquecida, onde todos colocam as botas, luvas, roupas para o frio. Quando saímos da estufa, vimos o mar com ondas altas batendo em pedaços de gelo, e o *Paratii* navegando sozinho, indo embora... Eu despreparado para a tempestade, com roupa leve de velejar, e ficando cada vez mais nervoso. O bote 1 foi acionado mas não conseguíamos entrar nele, a água é que entrava, inundava o bicho, ele batendo nas pedras... Até que subimos, mas o motor do bote não pegava. A madeira do suporte quebrou. O motor pegou e morreu de novo, uma, dez mil vezes. Comecei a gritar, em pânico:

— O motor está solto, esse negócio não vai funcionar!

Foi então que o Dos Anjos, negro, forte e calmo, ensopado de chuva e água do mar, como todos nós naquele bote galopante, segurou meu braço com força e disse em tom sério, firme:

— Fica calmo. Esse negócio vai funcionar e nós vamos pegar seu barco.

Finalmente o motor pegou. O *Paratii* ainda longe, seguindo intrépido, velejando só com o mastro. O bote estava perto e não sabíamos como segurá-lo quando o motor pifou de novo. Batia contra as ondas, se enchia d'água. Parecia um pesadelo. Mas era verdade, o *Paratii* cada vez mais longe, eu não conseguia acreditar. Estávamos gelados. Ensopados. Alguém tentou mais uma, duas, várias vezes. Chamaram o bote 2 pelo rádio, para nos resgatar no bote 1. O rádio era a única coisa que ainda funcionava ali. Até que o bendito motor pegou uma vez mais, e alcançamos o *Paratii*.

Consegui pular no barco, pela popa, e gritei que me virava sozinho. Estava pesado de tanta água, as roupas ensopadas. Moralmente humilhado. Se não fosse a calma e a garra daqueles homens teria perdido tudo, meu querido barco já estaria longe e para sempre. Sem ter me dado conta, o Sub, que também estava no bote 1, já tinha se atirado no *Paratii*. Comecei a arrumar o convés e pedi para ele entrar na cabine, que se protegesse um pouco do vento. Dois segundos depois ele saiu pela gaiuta e avisou calmamente:

— Tem alguma coisa pegando fogo aqui dentro.

Saía fogo do aquecedor, que eu devia ter desligado. Queimava tudo por fora da câmara de combustão. As chamas se alastravam e rolos de fumaça escura tomavam conta da cabine. Peguei panos de chão, molhamos as toalhas, tentando apagar o incêndio que poderia ter destruído o salão – e daí se espalhar por todo o resto.

— Amyr, o barco não escapou por acaso – foi o que o Sub falou, logo que conseguimos debelar o foco de onde vinham as

chamas, os olhos ainda ardendo por causa da nuvem de fumaça.
– Foi Deus quem avisou que havia algo de ruim a bordo.

Continuamos em silêncio. Realmente parecia um aviso. Se o *Paratii* não tivesse se desgarrado do cais, lá dentro da estação Ferraz não teríamos visto o incêndio a tempo de acabar com ele. O fogo subiria rápido e com o vento poderia queimar o barco em alguns minutos. Saí para o convés, olhei para cima, para o vento, e agradeci.

Já agradeci a um barco por ter me salvado a vida. Ainda não havia o *Paratii*, estávamos em 1986, quase treze anos antes dele ter se desgarrado do cais, na base brasileira Comandante Ferraz. Mas fora ali mesmo, naquela estação da Antártica, que eu saí do navio *Barão de Teffé* para fazer meu batismo nos mares gelados com o *Rapa Nui*. Literalmente troquei de barco no meio da viagem. Havia negociado um programa rígido de permanência com a Marinha, mas ao encontrar a escuna azul ancorada junto à estação brasileira, em mais uma coincidência impressionante – foi impossível recusar o convite de Patrick e Gabi, os donos do barco, para seguir com eles no veleiro. Estavam de partida para a cratera vulcânica de Deception, a última ilha do grupo que se avista, quando se vem do cabo Horn para a Antártica.

Foi uma viagem de iniciação, fundamento para toda a vida e para as dezenas de expedições que ainda faria na Antártica. Estava com 31 anos e planejava fazer a invernagem. Navegar no *Rapa Nui* foi, mais que uma escola, um processo de aprendizagem que durou 88 dias, precioso para quem era tão ignorante de mar como eu. Na volta para o Brasil, o quarto tripulante, João, desembarcou na primeira cidade civil que tocamos, Ushuaia. Ele não encontrou meio de manter uma coexistência pacífica com Patrick e Gabi.

É muito comum que as pessoas se desentendam em viagens mais longas, no espaço confinado de um barco. E o João, um extrovertido carioca, acabou entrando em depressão depois de meses de navegação. Não conseguia ter ânimo para nada, dormia dezoito horas por dia. Mal ancoramos em Ushuaia, e ele fugiu do barco. Dias depois foi encontrado vagando pela cidade, pois perdeu o bilhete que amigos lhe teriam dado para voltar ao Brasil. Aquele foi um momento difícil na jornada – e mais um dos aprendizados fundamentais. Já não havia dúvida de que fazer a invernagem sozinho seria o mais simples e adequado para meus planos.

"Éramos três agora, a bordo da escuna. Foi num dia escabroso, de mar muito forte, que Patrick desligou o piloto automático para tomar o leme. Com a Gabi, subi o *spinnaker*, a imensa vela balão, mas não no momento ideal nem da melhor forma. Havia um problema na proa com um dos cabos que segura o *spinnaker* – o burro – e o menor erro faria todo o circo desabar. A Gabi continuou na proa e eu corri para trás, para uma das catracas, nervoso, pouco experiente nessas situações e, ainda por cima, sem cinto.
"Não sei bem como aconteceu. Uma onda gigante pegou o barco por trás. Surfamos por alguns segundos e subitamente as vinte toneladas de alumínio azul do *Rapa Nui* se desgovernaram, o barco atravessou entre as ondas. Os mastros deitaram e eu fui arremessado no ar. Cair no mar, de um veleiro com balão em vento a favor, por

mínimo que seja, é uma das maneiras seguras de encerrar a carreira. Em alto mar, até abaixar velas e tornar o barco apto para retornar, contra o vento, são necessários vários minutos. Com ondas, um homem na água só é visto alguns segundos por minuto, mesmo à curtíssima distância e em bom tempo. Um único minuto de afastamento é fatal.

"O tempo não estava nada bom e simplesmente não era o momento de cair na água. Mas eu já estava voando de costas para fora do barco e mergulhando com botas e roupas e tudo em pleno Atlântico, a uns dois metros do *Rapa Nui*. Em pânico, ainda mergulhado e, antes de conseguir tirar a cabeça para fora da água, toquei com as mãos o fundo do casco. Toquei e senti o barco se afastando com rapidez. Não havia onde me segurar.

"A onda que deitou o *Rapa Nui* arrebentou e subiu pela parte traseira do barco. Ainda dentro da água, a minha mão direita que deslizava pelo casco enroscou-se em algo. O último passa-cabos na popa. Saí arrastado da água, sem as botas, e com a mão esquerda me agarrei na borda, pulando para o convés como uma mola. Patrick continuava paralisado de susto e incredulidade. Eu fiquei com o braço roxo e uma dívida difícil de ser paga. É incrível, mas por alguns segundos eu estive longe e, de alguma maneira, tinha sido resgatado pelo próprio *Rapa Nui*."

AMYR KLINK
em *Paratii entre dois polos*.

Com a mãe em São Paulo.

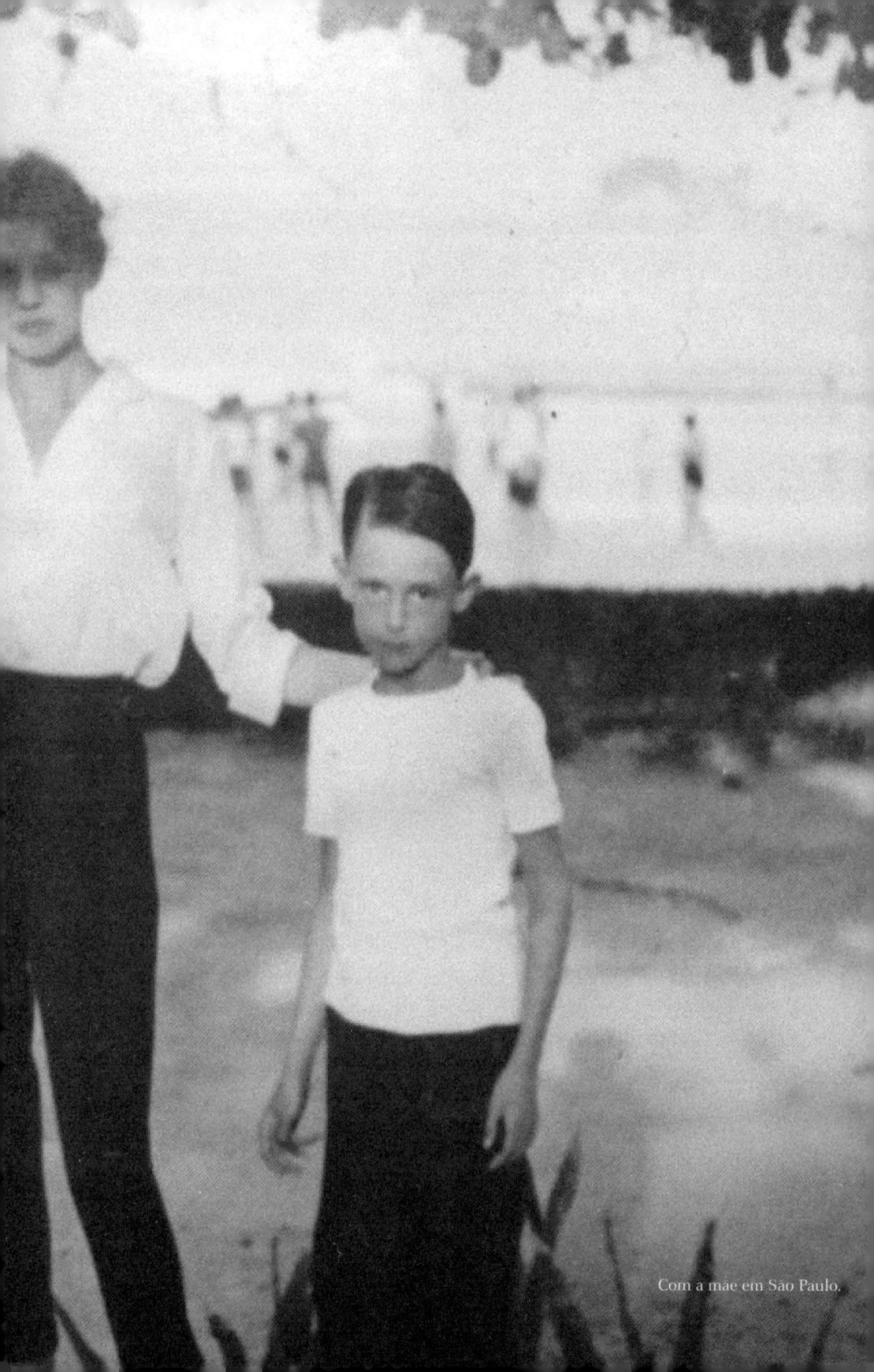

UM
ERRO NA
PERGUNTA

Em nenhum momento durante ou depois do acidente com o *Rapa Nui*, quando caí no mar, com as mãos escorrendo pelo casco em busca de uma salvação, rezei ou agradeci a Deus por ter me salvado. Agradeci ao barco! Graças à manobra que fez, atravessando as ondas e voltando para trás, consegui me agarrar de novo a ele. Obrigado, *Rapa Nui*! Foi a escuna mais querida e valente que me salvou daquela vez. Agradeci à sua firme borda de madeira, onde pude me agarrar! Meu credo é muito mais básico, grosseiro, primitivo.

Eu me recuso a acreditar em Deus na forma que querem me ensinar. Deus não existe, ponto. É uma necessidade intrigante essa que o ser humano tem de encontrar uma desculpa para as coisas além da sua compreensão. É uma fraqueza também. Sou fascinado por compreender como essa angústia, essa necessidade, consegue mover tanta gente. Simultaneamente e em direções completamente opostas. Cresci num meio que não seguia um rito religioso. Em tese meu pai poderia ter sido muçulmano, sunita, xiita, judeu. Convivi com pessoas de várias religiões e aquilo me deixava extremamente curioso.

Sempre tive essa vontade de entender porque as pessoas transferem para uma ordem desconhecida, uma escala superior, muitas coisas que só precisam ser encaradas de frente, com olhar realista. Tenho muita desconfiança de uma verdade absoluta. Não refuto a fé de quem acredita e respeito o espaço alheio. Se eu viajar para um país muçulmano e for até uma mesquita, farei o procedimento normal. Se tiver que ajoelhar, é claro que vou ajoelhar. Se entrar numa igreja também. Não gostaria que alguém desrespeitasse ou hostilizasse meu espaço público. Se não pode entrar de biquíni numa mesquita, não o farei. Mas eu tive vários problemas. Eu tive vários problemas com Deus na escola.

Comecei a estudar no São Luís, colégio católico em São Paulo. Era magrinho, tímido, não jogava futebol, acabava no gol. Ficava sempre no fundo da sala. Era a vítima perfeita para o *bullying*, por exemplo. Mas, na escola, eu resistia – rezar, não. Não rezo nem faço o sinal da cruz. Para que o sinal da cruz? Tinha posições muito polêmicas, complicadas de abordar numa escola católica: e a crença de todos os budistas, os chineses, os hindus, árabes e judeus, não deveriam ser estudadas e também levadas em conta? Não podia aceitar um deus católico como o que nos era apresentado, a única alternativa, irreversível, universal e absoluta.

Por alguns anos fui conseguindo contornar minha permanência na escola, mesmo sem cumprir o protocolo dos jesuítas de forma exemplar ou esconder meus questionamentos. Até que um dia houve uma briga, entre meu pai e o reitor do colégio São Luís. Eu estava com hepatite em casa e ele foi buscar o meu irmão que teria se atrasado muito naquela tarde. Ao chegar em frente à sala do padre, deparou-se com o reitor fechando a porta na cara de uma mulher. Não que meu pai fosse um lorde, um cavalheiro, na verdade nutria ideias preconcebidas em relação aos padres e deve ter aproveitado o momento para descontar sua espetacular irritação. Quebrou a porta da sala e espancou o reitor, na frente de todo mundo. Um escândalo. Meu irmão e eu fomos automaticamente expulsos.

Nos anos seguintes, estudamos no Colégio São Bento, franciscano. Ainda mais religioso que o outro. E eu continuava sem nenhuma conexão com o mundo católico, metafísico, curioso apenas pelo poder que aquela noção detinha. Eu sentia grande curiosidade em relação às questões mais materiais e humanas. Quanto custou para construir essa igreja com chão de mármore? Quanto tempo e quantos homens devem ter trabalhado para erguer a cúpula daquele altar?

Admirava a competência dos padres para realizarem obras que me pareciam gigantescas, mas aquela história de Deus, não. Impossível engolir, não enxergar as contradições, os abusos, a imposição de uma só verdade. Ficava impressionado como eles ainda nos apresentavam os mesmos velhos mitos, nascidos na época em que as pessoas não eram alfabetizadas, quando precisavam de explicações mirabolantes para entender o tempo, a criação do universo, a existência humana.

Os padres jesuítas nos convidaram para estudar novamente no São Luís, dois anos depois da expulsão. Voltei ainda mais questionador em relação a assuntos de religião. Questionava o dogma com tanto zelo que anotava tudo que o padre Pereira nos falava em classe para depois o metralhar com minhas dúvidas. Ele ficava meio incomodado comigo e, certo dia, me chamou para conversar:

— Você é um garoto problemático para a escola, um bom aluno, mas péssimo em religião, onde tira as piores notas. É uma pena, mas o colégio vai reprovar você por causa dessa matéria.

Na última prova do ano, eu precisava tirar oito ou nove para passar. Foi uma prova tensa, dissertativa, com um enunciado complicado – mas havia um erro na pergunta. Ao invés da questão propor uma dissertação sobre determinado assunto, era

Aventuras no baldinho.

Com a mãe, o irmão mais novo, Tymur, e as duas irmãs caçulas.

possível recuperar com um sim ou com um não. A prova era de fato uma pergunta – que aparentemente demandava duas horas e meia de resposta. O padre Pereira colocou a pergunta no quadro negro e, quando se preparava para sair da sala e tomar café, entreguei a prova.

Escrevi duas linhas. Justificando a minha resposta. Ele não leu. Falou: "Amyr, você vai perder o ano". Eu respondi: "o senhor não corrigiu a minha prova ainda". Ele reagiu: "Não é possível que você responda uma prova em quinze segundos. Você vai perder o ano. Estou avisando você, porque recomendo que volte para a sua cadeira, e continue a fazer a prova". Insisti que já havia terminado, deixando a folha em cima da mesa. Adoraria lembrar a frase que escrevi, mas reproduzi exatamente uma citação de Jesus, com ela respondendo à questão que foi proposta. Tirei nota dez e passei de ano.

Eu adorava a escola. Mas gostava de contestar, de questionar, e me divertia com o fato de não rezar. Claro que já passei, e passo, por horas terríveis de tristeza, mas não vejo na religião uma saída. Diante de um fato duro, cruel, real, quem vai consolar? Acho muito cômodo você atribuir a uma outra força, a outra esfera de poder, e aceitar. Isso é muito fácil. Prefiro não aceitar ou então engolir. Em horas dramáticas, em que estou navegando numa situação extrema, com ondas sucessivas, gigantes – olho pra cima e falo: "olha, o que é que falta mais agora? Dá o resto logo. Quer matar, mata logo!" Mas é divertido, faço mais como provocação. Nos momentos de grande agonia e tensão, costumo dizer que a gente até enxerga a velhinha da foice, conversa com ela – enquanto a "véa" deve estar lá, amassando os alhos para fazer o almoço...

Antes de fazer a invernagem, até pensei que pudesse ser afetado de outra forma por esse poder divino. Será que voltaria mais sensível a um ente superior, tocado por um mistério transcendental que organiza o mundo? Tenho a curiosidade de entender como mecanismos e engrenagens funcionam, mas não sei de onde começou o universo – desse assunto não entendo. Gosto de ter essa dúvida e ficar pensando se a questão humana, por se circunscrever a uma microescala tão insignificante, merece atenção de um deus todo-poderoso do universo. Ele deve estar ocupado com coisas maiores.

Já com a família, as crianças e um amigo nosso, numa viagem recente com o *Paratii2*, enfrentamos uma pancadaria no mar. As crianças se comportaram bem, brincando dentro da cabine, felizes. Mas eu estava tenso e as ondas aumentavam lá fora. Até que vejo esse amigo passando com uma bandejinha de inox com água, um ovo boiando e uma tesoura, carregando aquilo tudo meio atrapalhado pelo convés. Levei um susto. O que é isso? Ele respondeu: "isso é uma simpatia para santa Clara, para parar o vento!".

Ah, não aguentei. Chutei a bandeja, saiu voando a tesoura, quebrou o ovo. "Vão pro diabo, você e a santa Clara, aqui não existe deus. Deus não vem aqui para salvar ninguém, ele tem coisas mais importantes para cuidar no mundo normal". Marina ficou preocupada, ela tem muito respeito pelas crenças das outras pessoas, mas eu fiquei preocupado com ele – um perigo enorme, podia escorregar e cair, andando sem proteção pelo convés, debaixo de chuva e ainda equilibrando uma bandeja com água e ovo!

Navegava no *Rapa Nui* quando soube da morte de minha mãe. Eu a adorava. Mas pensei: ainda bem que morreu. Ela estava muito frágil, sofrendo muito, era novinha, muito mais nova que meu pai e muito mais frágil. Meu pai judiou bem dela, judiou bem. Na época em que fiz a travessia pelo Atlântico, os dois se separaram. A cada vez que ela ficava doente, sem ninguém para acompanhá-la, caía na Santa Casa. Sempre a ajudei enquanto ela estava aqui. Ficava irado, não ficava com culpa. E não chorei ao receber a notícia de sua morte. Choro com uma certa facilidade. De emoção. Uma chegada de maratona, por exemplo, pode me fazer chorar. Uma ovação. Tristeza, não.

Ninguém desafia a natureza. Não existe esse desejo, essa ambição, essa burrice. A imprevisibilidade do meio atemoriza mas também fascina. E diante das forças inesperadas do mar, é preciso negociar com o vento, as ondas, o medo. No mar não tem atalho – é um jogo de respeito em que você conhece o seu limite e a força do meio. Reconhece o quanto é fraco e o quanto precisa lidar com o imponderável. Fica em alerta máximo e respeito absoluto pelo universo em que se desloca. Sorte? De novo, não sei. Você fica tantas horas de plantão que acaba encontrando com a sorte na esquina – se estivesse dormindo talvez não esbarrasse com ela.

"Teve uma noite em que pegamos uma tormenta em Ilha Bela. A vela começou a bater muito, estava inflando, e num caso assim é preciso imediatamente reduzir o tamanho do pano, senão o veleiro desequilibra, sai voando, deita... Mas a corda estava travada e o Amyr gritou para eu pegar a faca, que estava no pé do mastro. Eu estava no *cockpit* com o Marcos, que ficou com medo de eu escorregar pelo convés e cair no mar. Todo mundo sabe que eu sou atrapalhado, mas se o Amyr estava pedindo pra eu sair e pegar a faca, eu ía sair!

"O Marcos me segurou pelo pé e acabou ficando com meu tênis na mão, enquanto eu saía correndo com um pé descalço, me agachando nos gradis do convés até entregar a faca para o Amyr. Depois que ele cortou a corda e ajustou a vela, com tudo sob controle, a gente riu da história e o Amyr ainda aproveitou para surfar na proa do barco! Sério!

"Na tempestade, com as ondas altas, o barco vai subindo até a crista e depois embica, entrando como uma cunha dentro d´água. O Amyr ficou lá na proa, segurando-se na proteção de ferro e mergulhando no vagalhão junto com o barco. Descendo pelo tubo d´água e depois voltando, na maior gritaria. Todo mundo estava vibrando, parecia que a gente estava num parque de diversão".

Ronaldo Swistalski

Navegando na Geórgia do Sul com o *Paratii*.

PERIGOSA
CALMARIA

Em grande estresse, quando você se sente pressionado e precisa agir rápido, os sentidos ficam alertas – problemas maiores podem acontecer quando você simplesmente relaxa. Você pode ficar com preguiça, por exemplo, pois começou a ventar e talvez fosse melhor ir lá fora para diminuir as velas, mas está frio, e é muito provável tomar um banho de água gelada, quem sabe o vento diminui... É nessas horas que você já devia ter ido resolver o problema. Está perdendo tempo e se arriscando por isso. *Quand il faut, il faut* é uma expressão em francês, simples e da qual gosto muito, que traduz essa situação: quando é preciso, é preciso. Se para sua segurança você vai precisar se levantar, no meio da noite, e abaixar as velas, duas, três, dez vezes – faça isso. Em alto mar você adquire essa certeza, de que precisa fazer o que é necessário. E ponto final. Na primeira invernagem com o *Paratii*, eu tive um único grande acidente na Antártica, e me dei conta de como um pequeno descuido pode ser extremamente perigoso.

Estava eufórico nos últimos dias de inverno. O barco já não estava mais preso nas placas de gelo, começava a flutuar. E eu planejava o que fazer nos próximos anos. Até que apareceu o primeiro barco da temporada na península Antártica. Era um pequeno veleiro com um casal de alemães que conheci depois. Fiquei muito contente ao ver um barco depois de tantos meses de completo isolamento. Talvez tivesse alguma correspondência ou notícia e quis fazer uma surpresa.

Eu tinha café brasileiro, de coador. Tinha bolo pronto no barco. E pensei em preparar um café com bolo a bordo do *Paratii* para receber os visitantes. Só que naquele dia eu não tinha feito a água de que precisava para o almoço, e não daria tempo de derreter neve para fazer um cafezinho para os recém-chegados. Tive a ideia imbecil de pegar água num *iceberg* encalhado a uns quatrocentos metros. Pulei no bote de borracha. O galão de água estava lá dentro. Nos dias de sol, formava um laguinho de água doce onde eu ía me abastecer com água para economizar energia do barco. Já tinha feito dúzias de vezes essa operação.

Jogava o barquinho em cima do gelo, subia no gelo, escorregando e, com uma mangueira e um galão de dez litros, chupava água e enchia o galão. Eu nunca tinha descuidado do bote de borracha, mas esqueci de colocar o pino e o bote foi embora. E eu estava em uma pedra de gelo, no meio do canal, sem bote nenhum. Quando o veleiro passou por mim, eu, que há nove meses não tinha feito besteira nenhuma na Antártica, tive que pedir socorro ao primeiro barco que entrava!

Os alemães ficaram surpresos ao chegar na Antártica e encontrar um brasileiro num pedaço de gelo, com um galão de água e uma mangueira. Expliquei a eles que tinha saído para pegar água e havia perdido meu bote. Eles me perguntaram há quanto tempo eu estava na Antártica e, diante da minha resposta, não entenderam como uma pessoa podia sobreviver mais de um ano fazendo imbecilidades como aquela. Eles disseram: "Se a gente não tivesse chegado, você estaria morto!" Eu não podia negar, mas a resposta que me ocorreu na hora foi dizer: "Se vocês não tivessem chegado, eu não teria vindo aqui para pegar água para fazer café!"

Não ventava, era um dia de sol cristalino, quando decidimos fazer uma excursão até a Geórgia do Sul. O percurso seria longo, da baía na Antártica onde estávamos até a ilha. Não havia chance de retornarmos ao *Paratii2* sem o botinho que usamos para a travessia. E na hora em que chegamos lá no alto do morro, começando a escalada, olho para trás e vejo o botinho derivando para o alto mar. Sabia que nós quatro morreríamos sem ele. Antes de saltarmos perguntei se o cabo estava amarrado no barco, se a âncora estava firme. Quem foi o incompetente que não prendeu o botinho?, pensei sem precisar perguntar, demonstrando uma expressão tão violenta de raiva que o Fabio Tozzi simplesmente saiu em disparada.

Ele é tão divertido, tão proativo, que quando olhou minha cara de bronca desceu correndo o morro. A gente lá de cima se perguntando: "mas o que o Fabio vai fazer?" E ainda era preciso atravessar uma pinguineira. O barco já estava longe. No caminho ele foi tirando a roupa, o casaco, correndo e tirando o macacão, a bota, a meia, a cueca, de repente ele bateu o primeiro pé na água, afinou a voz – aaaiiiiiii! – e não teve como a gente não rir de lá de cima. Voltou um pouco atrás e deu um mergulho, saiu nadando pelado e alcançou o barco. Temos todas as fotos, posso chantageá-lo pelo resto da vida!

Se tivesse pulado na água com as roupas, que têm um sistema de flutuação, levaria muito tempo para alcançar o bote. Chegaria, mas ensopado, e ainda teríamos um longo percurso a fazer na volta – pelo menos duas horas de exposição ao tempo,

Amyr e Fabio Tozzi, nas geleiras da Antartica em 2005.

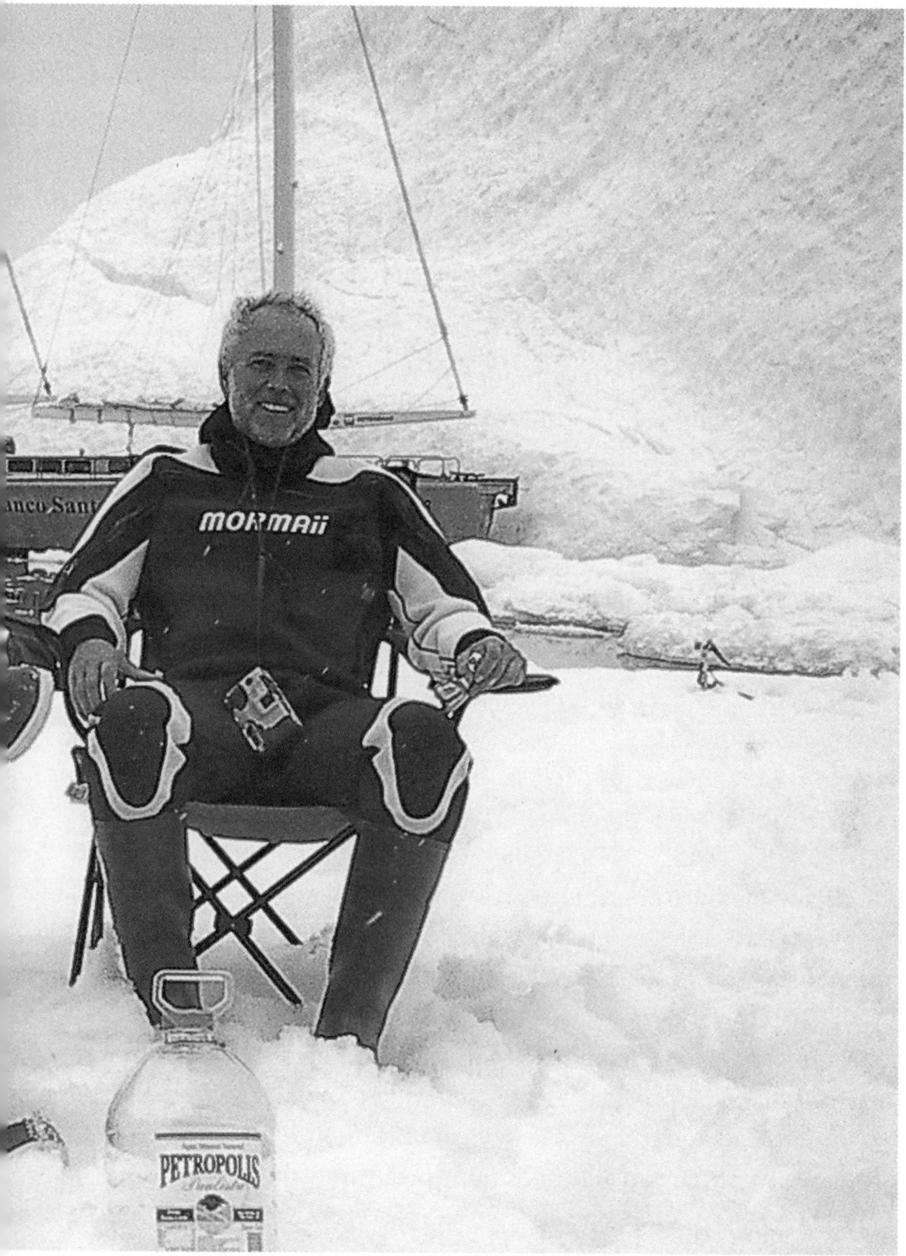
MORMAii
PETROPOLIS

quando ele poderia congelar. Pulou pelado no bote, deu partida no motor, jogou o barco na praia. Nesse meio tempo descemos, conseguimos vesti-lo com as roupas secas, fizemos umas massagens e logo estava tudo bem. Foi muito inteligente a reação do Fábio. Nossa indecisão teria nos matado.

Tomei um susto recentemente, na mais prosaica viagem pela costa brasileira. Estávamos trazendo duas baleeiras do Sul, chovia na entrada de Ilha Bela e, com o mar grosso, caí em alto mar. Burro. Devia ter urinado num balde, num caixote, mas me distraí e acabei escorregando. Da borda do barco para o meio do mar. Estava frio e a roupa encharcada ficou pesada. Ainda consegui me agarrar no barco, mas o Ulisses, que estava comigo, não conseguia fazer força suficiente para me puxar. Ele tinha um problema nas costas. E sozinho eu não conseguia subir, pois não tinha onde me apoiar.

O Luiz, na outra baleeira, foi se aproximando para tentar ajudar, e fiquei mais preocupado ainda. Você não controla o balanço dos dois barcos. Não podiam se encostar, ou a chance era alta de me arrancarem uma perna, por exemplo. Gritei para não se aproximarem. Deixa eu me acalmar que eu vou conseguir entrar, pensei.

Quem sabe tirasse a roupa toda pra ficar mais leve, para conseguir subir, mas estava de macacão e então seria a pior das hipóteses. Porque precisaria me separar do barco para fazer essa movimentação, enquanto eles obrigatoriamente dariam uma volta com o barco, pois ele não tem ponto morto. Precisariam ficar fazendo círculos, e com aquele mar grosso poderiam me perder de vista. Fácil. Estava tudo escuro e chovendo. E eu vi que Ulisses na baleeira tinha machucado as costas, na hora em que tentou me fazer subir.

Precisava me virar sozinho, no meio das ondas, até que encontrei o apoio no eixo da hélice para subir. A pá da hélice estava girando, e se eu não fosse rápido podia me cortar feio também. Paciência. O único jeito que encontrei foi engatar o pé na hélice. Doeu pra caramba, comeu a bolinha do osso e tivemos que sair dali direto para o hospital. Já está tudo bem, mas foi uma distração humilhante – ainda não contei nada em casa sobre essa história.

Amyr na Geórgia do Sul em 1998.

**UM ANO,
UMA VEZ
NA VIDA**

O grande risco de uma experiência na Antártica é você ser obrigado a permanecer um inverno inteiro no continente. Se o seu barco ficar preso no mar congelado, não terá como sair dali até o inverno do ano seguinte. Quando soube disso vislumbrei a chance: adoraria ser vítima daquele problema! Construí o barco durante cinco anos exatamente para desfrutar desse contexto singular. Fazer uma invernagem de 15 meses no continente Antártico. Foi uma experiência decisiva na minha vida. Derrubei todas as expectativas que alimentara e as indagações mais pessimistas, que ouvi durante o planejamento da viagem – mas como é que você vai suportar ficar um ano sozinho? Não vai morrer de tédio? E aquele frio? Como é que vai matar o tempo?

Para os latinos, a experiência de ficar só é uma tristeza, quase um castigo. Para mim é um alívio, ficar livre de gente chata, sem ninguém por perto para perturbar. Aliás, no meio marítimo, não se encontra gente tediosa e prepotente, esses devem ir morrendo pelo caminho, caindo pelas bordas... Já sofri de depressão algumas vezes, mas nenhuma no mar. É um lugar onde não existe espaço para você se sentir só.

A invernagem em solitário concretizou um desejo que sempre alimentei, difícil de traduzir no mundo de hoje, em que somos guiados por interesses monetários, pela exposição exaustiva da mídia criando essa absurda, e incessante, vontade de consumir. Se meus pais me deixaram uma herança importante, foi essa: a de não me orientar pela posse dos bens materiais. Cultivava um desejo muito mais complexo de ser satisfeito – que era o de possuir o tempo. Uma única vez, durante um ano, ser o único proprietário do meu próprio tempo. Foi assim que nasceu a ideia de passar um ano na Antártica.

Depois de dois meses aguardando o congelamento do mar, finalmente as águas da baía Dorian ganharam mais de meio metro de espessura, no início de abril de 1990. Não havia como voltar atrás. Estava numa descida irreversível em relação ao meu próprio futuro, aquele ano que eu tinha organizado logisticamente, para viver dentro do barco. Foi um grande momento, quando percebi que dali não poderia sair – nem tampouco ser resgatado daquele lugar. Ninguém chegaria para me importunar. Fiquei profundamente feliz e fiz uma celebração naquele dia.

Estava sol, sem vento, escolhi as melhores comidas que tinha, fiz pão e abri uma garrafa de vinho. Discursei em voz alta, ninguém ouviria – "de agora em diante nenhum gerente de banco me alcança mais, nenhum oficial de justiça, nenhum despachante, sou dono do meu tempo! Tenho um ano pela frente para fazer apenas o que eu quiser! " Ledo engano.

Tive o privilégio de constatar que, quando a gente vive esse isolamento físico, passa a observar detalhes que não percebe no dia a dia. Todos nós temos, querendo ou não, contratando ou não, um exército de fornecedores de serviços, necessidades e gentilezas, que normalmente não enxergamos ou nunca agradecemos. Mas essas pessoas existem e são reais, não são virtuais. As pessoas que lavam e passam nossa roupa, preparam o jantar, cuidam do esgoto, da água, do nosso transporte, da eletricidade que abastece nossas casas.

Na execução da viagem, descobri que eu era o único provedor dos serviços, e que o bem mais escasso era o tempo. Não sobrava tempo para nada! Tinha que fazer tudo: comida, água, calor, energia elétrica, lavar roupa, lavar louça. Nas quatro primeiras semanas, logo depois que o mar congelou, vivi um inferno, com tantos problemas novos, manutenção, mecânica. Comecei a desenhar cronogramas de tarefas. A rotina do barco explodiu exponencialmente, eu não conseguia acompanhar. Comecei a ficar louco – será que precisaria contratar uma diarista para poder sair do barco e conhecer a Antártica?

Passar uma longa temporada na Antártica também nos faz abrir os olhos para a existência de outros seres, que só conhecemos pela TV, por fotos, à distância. Animais surpreendentes, que estão dispostos a qualquer sacrifício para gerar vida. Como os pinguins, que dependem da grande quantidade de indivíduos para sobreviver. As colônias de pinguins ficam em áreas de difícil acesso no continente, em mar desabrigado, e nelas vivem milhões de aves. Milhões. Estabeleceram um sistema de interação e comunicação capaz de ajudá-los em circunstâncias extremamente adversas, num exemplo de convivência inteligente que pode ser útil para nós, acostumados às temperaturas mais amenas dos trópicos.

Colônia de pinguins de St. Andrews Bay, Geórgia do Sul, 2005.

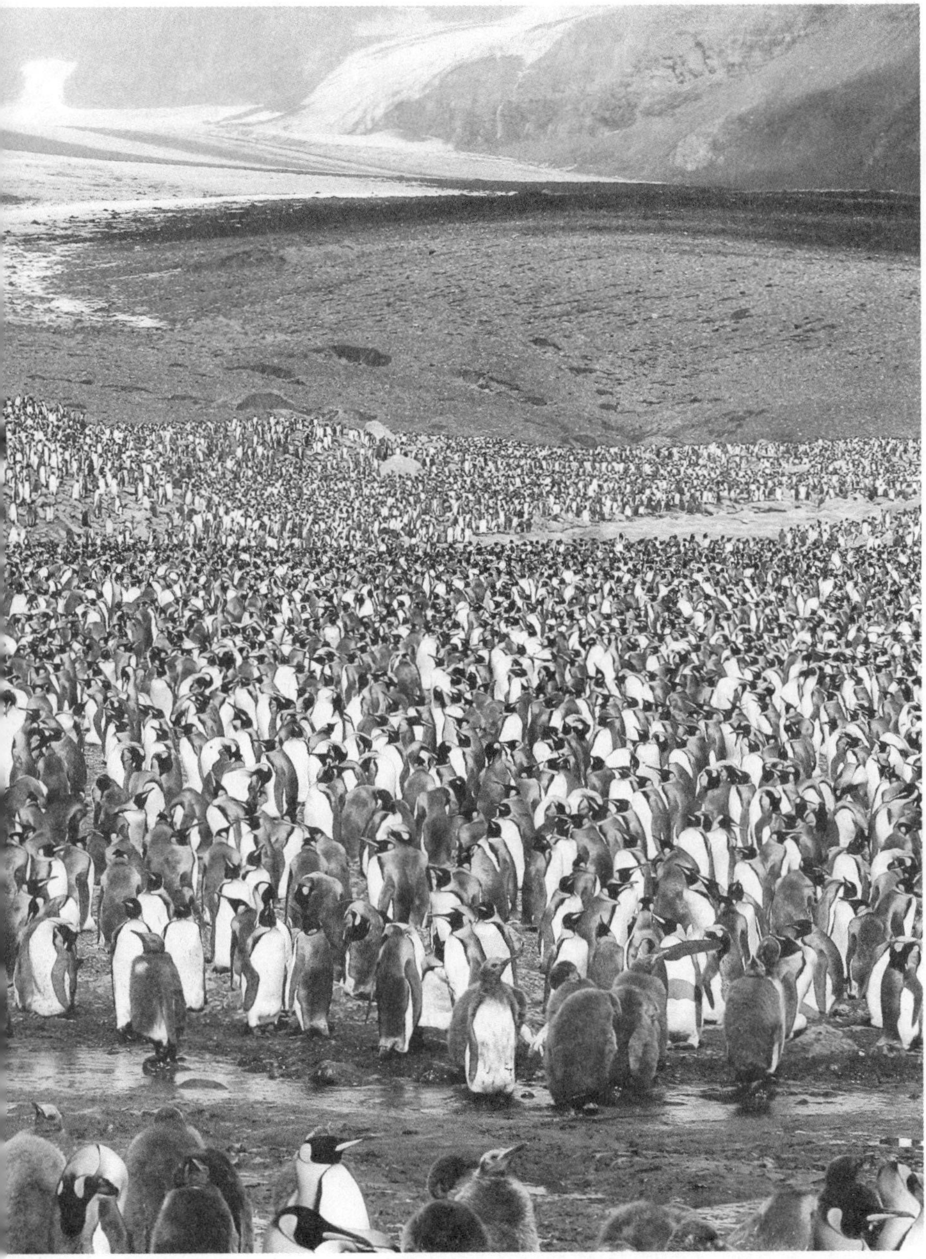

O pinguim-imperador é a maior ave da espécie, e a existência de suas colônias revela uma incrível história de sobrevivência, em que a única defesa dos indivíduos é se agrupar. As fêmeas colocam um único ovo, no final do outono, e vão para o mar durante o inverno. Nesse período, durante mais de dois meses, o ovo é incubado pelo macho. É o pior momento da estação na Antártica, quando as temperaturas descem a menos de quarenta graus e as nevascas castigam o continente, sem trégua, com ventos de 100 milhas por hora.

Eles precisam se proteger formando círculos, uma grande massa com milhares de pinguins, os machos segurando seu único ovo sobre os pés e se revezando em turnos, para alternar a posição dos que ficam mais expostos aos ventos com os que estão melhor abrigados – no centro do círculo. Essa fase pode durar quase 70 dias, quando eles não conseguem se alimentar, permanecendo em vigília e poupando energia.

Na primeira invernagem, aos 35 anos, não poderia imaginar que ainda voltaria tantas vezes à Antártica, em longas viagens que sempre incluem excursões para visitar colônias de pinguins – agora em companhia de minha família, as três filhas, mulher e amigos! Um bando de gente, visitando as pinguineiras. As meninas ficaram fascinadas pela fauna tão rica dessa região do planeta, onde muita gente pensa que não existe nada além de camadas de gelo branco.

É extremamente curioso: os filhotes dos pinguins-rei tentam localizar os pais através do grito, e conseguem! É uma gritaria infernal, e os pais são capazes de reconhecer o seu filhote apenas pela frequência diferente do som, que cada um dos pinguins emite... Um evento que acontece centenas de milhares de vezes, um reencontro infalível entre filhote e pais, todos os dias!

Os pinguins têm muito a ensinar. Na invernagem, além de me dar conta do exército de provedores quase invisíveis, de que dispomos na cidade, fiz outra constatação importante em função da rotina doméstica no barco.

Instalado na Antártica resolvi tomar um banho, fazer um jantar, e ter água disponível para lavar louça. Precisava de pelo menos uns 15 litros para isso, e assim me dediquei a fazer água no meu sistema de baixo consumo de energia – só que seis horas se passaram e eu ainda estava derretendo neve... Mais uma vez pensei: nossa mãe, vou passar um ano aqui, entre a lavanderia e a cozinha, não vou conhecer as geleiras!

Fiquei muito preocupado, e resolvi adiantar esse trabalho por uma semana, me abastecendo de pelo menos 200 litros de água. Passei dois dias derretendo uma quantidade absurda de neve e, finalmente, quando ficaram prontos os 200 litros, fui dormir exausto. Só que, quando acordei todo feliz, na manhã seguinte, vi que a água tinha congelado durante a noite! Foi nesse momento que me dei conta da existência de tarefas que nunca se encerram, que precisam ser feitas e refeitas a cada dia. Não podemos antecipar o tempo de fazê-las. Por melhor e mais avançada que seja a tecnologia usada, o ser humano não pode possuir o tempo.

As três filhas na beira da praia
em Jurumirim, 2005.

MEU
REINO POR
UMA CANOA

A família foi um acontecimento tardio em minha vida. Para falar a verdade, depois de cinco ou 10 viagens, eu era um sujeito muito feliz. Tinha namoradas em lugares estratégicos e posições geográficas diferentes, o que eliminava as chances de conflito. Não estava minimamente interessado em me fixar. Morava num lugar minúsculo em São Paulo, numa casinha que não tinha nem cama. Dormia no chão. E aquilo me dava um enorme prazer. Não ter nenhum móvel. Tinha caixas em casa – as caixas da roupa suja, as caixas da roupa limpa, de comida, a mesa onde gostava de escrever ou ler.

No início da construção do *Paratii2*, conheci a Marina. Começamos a nos divertir juntos, mas fui me envolvendo numa obra muito maior do que tudo que já fizera na vida. No processo de construção do barco, minha conta era absurda. Sabia que ela queria casar, mas abri o jogo: "Não tenho casa para morar, não consigo ter essa vontade, não consigo achar bacana ter uma Ferrari, um helicóptero, jantar em restaurante da moda, vestir roupa de grife. Gosto é de ter experiência". Um ano depois, consegui vender a casa onde funcionava o escritório e todo contente disse à Marina que, finalmente, a gente poderia casar. Foi quando ela me surpreendeu: "Não, agora você vai acabar o seu barco". Ao ouvir essa resposta, não tive mais dúvida: aquela era a mulher que eu queria.

  Casamos. Não era para ter filho, mas de repente vieram as gêmeas, junto com a obra do *Paratii2*. O estaleiro devia muito, foram anos difíceis. Numa dessas crises financeiras resolvi fazer uma volta ao mundo com o velho barco, para testar os mastros, utilizando um conceito importado dos mestres cearenses da jangada. Na minha ignorância sobre embarcações, eu já me perguntara por que na construção dos veleiros usamos mastros tão pesados, com toneladas de cabos de aço, terminais de titânio, uma tecnologia burra. Eu queria um perfil leve, flexível, autoportante.

  Na volta dessa viagem ao redor da Terra, que demorou uns cinco ou seis meses, a Marina estava me esperando na casinha em Paraty, com as gêmeas. Fizemos uma festa e daí nasceu a Nina, nove meses depois. Nove meses depois também nasceu o primeiro barco do estaleiro. Conseguimos juntar os primeiros clientes que apostavam nesse princípio, em que o desafio não era colocar, mas tirar tecnologia.

  Nós fizemos um veleiro – monocasco – sem lastro. Fato inédito. Vibrei quando nos ocorreu a ideia, e nela mergulhamos, tentando encontrar as soluções mais simples. Por que um veleiro tem de carregar 30% do seu peso em chumbo? Para dar estabilidade. Por que um catamarã é mais eficiente? Porque não tem investimento em estabilidade, a estabilidade dele é a sua forma. Veja o conceito da jangada de piúba, que é um barco genial. Ou da biana do Maranhão. Esse é o tipo de tecnologia que queríamos usar nos barcos.

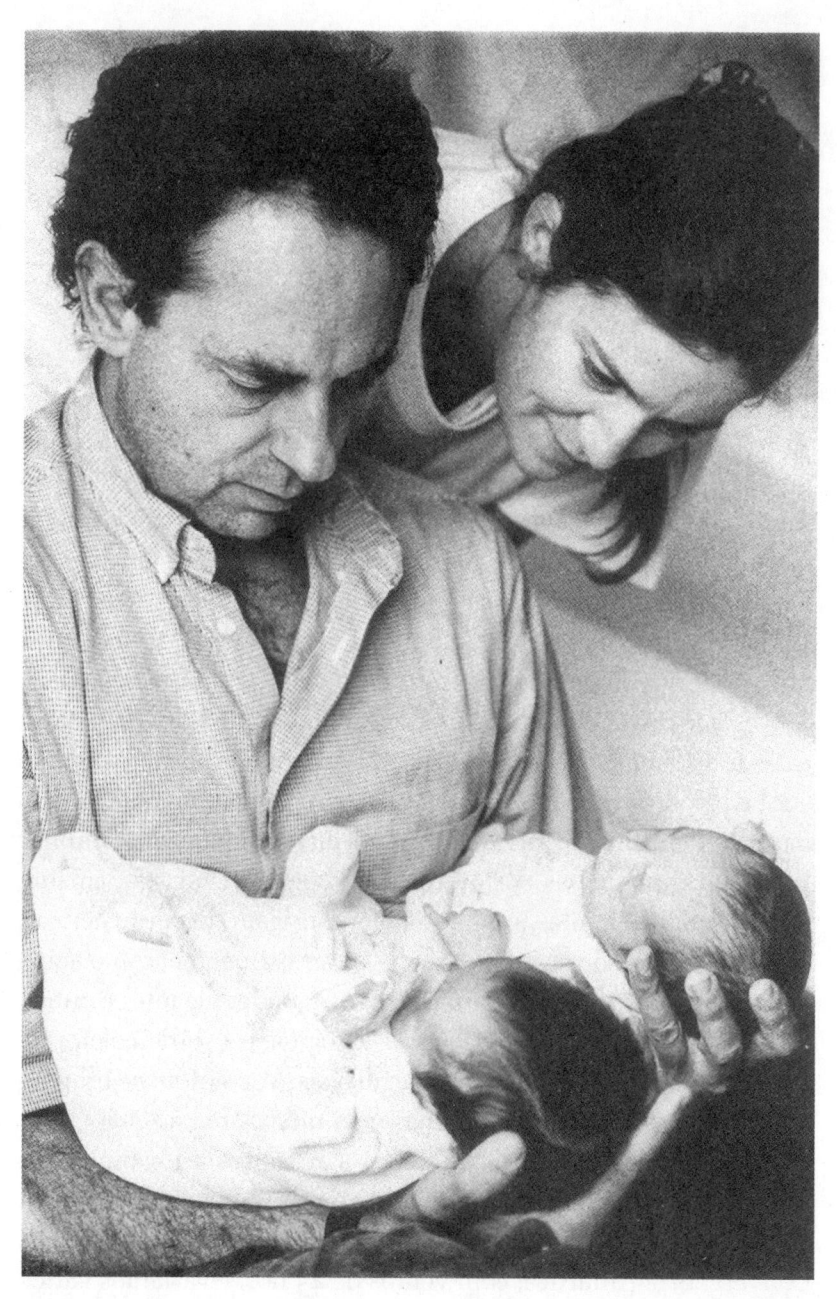

Com Marina e as gêmeas recém-nascidas, 1996.

Quer outro exemplo? Não trabalhamos com motores marinizados. A gente queria acabar com esse contato do motor com o sal do mar. Eu detesto sal. O ideal mesmo seria se o mar não tivesse sal. Ele acaba com tudo, enferruja, encarece. Nosso motor é uma adaptação de uma tecnologia criada por pescadores de Santa Catarina.

Marina é de uma família de velejadores, sempre velejou muito, e bem. Foi dela a sugestão de dividirmos essa paixão pelo mar com as meninas. Desde miúdas, colocávamos as gêmeas em cestinhos e levávamos as duas em pequenas travessias. Elas viviam no estaleiro, acompanharam a construção dos barcos. Eu já havia imposto tanta restrição à nossa vida, à nossa comodidade, que não teria coragem de fazer essa proposta – mas adorei a ideia.

Organizamos a primeira viagem da família para a Antártica, e amigos nossos confiaram seus filhos para levarmos. Quando você é responsável pela vida de terceiros, age de uma maneira ainda mais cuidadosa. Viajei com muito medo. Conheço as minhas filhas, imagino que as dos outros sejam piores. Desgraçadamente elas são muito bonitas, mas competem, brigam, ficam histéricas, querem escalar, correr, pular para todo canto. Imaginei como aquela história iria se desdobrar no Drake, com ondas gigantes e outras crianças agitadas a bordo. Cheguei a cogitar o uso de coleira de cachorro nas meninas, daquelas reguláveis. Vou enforcar um pouquinho o pescoço das crianças mas nenhuma cairá na água!

Logo no primeiro dia, reuni as crianças na cabine para uma conversa séria. Disse claramente que, se uma delas caísse na água, nós não iríamos voltar para fazer o resgate. Velejando na Convergência Antártica, com ventos de 45 nós, levaríamos vários minutos para baixar os 300 metros quadrados de vela e fazer o retorno – e ainda que fizéssemos a manobra, bastante arriscada, quando chegássemos ao local da queda o corpo já estaria congelado. Sendo assim, ainda que fosse uma das minhas filhas – eu não voltaria para resgatar, pois não poderia sacrificar a vida de todos os outros nessa operação. Ficaram em silêncio, ouvindo assustadas, mas entenderam tudo.

Foi uma baita aula para nós. Elas se mostraram incrivelmente sábias. Quando o mar estava forte, em dias de tempestade, entendiam perfeitamente o ambiente de risco – e não subiam para o convés. As crianças, os jovens, podem nos surpreender, quando ainda estão com seu HD vazio, com sua capacidade de assimilação completamente desconectada de preconceito.

"Ele é um modelo de rigor, e não apenas em nossa casa. Muita gente já nos falou: mudei minha vida por causa de seu pai! Dá para entender porque, mas a gente tenta separar esse lado mais público – do pai que a gente encontra todo dia. Quer dizer, nem todo dia. Sempre que pode ele está viajando. Graças à nossa mãe conseguimos ir com eles, porque quando éramos pequenininhas ficava um tempão, tempão mesmo, que a gente nem via o pai. Passava Natal, aniversário, festa na escola, e nada. Ele estava na Antártica. Mas foi mamãe também quem nos ajudou a superar aquelas ausências prolongadas. Ela nos ensinou a ter orgulho da ausência dele – não estava em casa porque suas viagens eram importantes, era essa a natureza do trabalho que ele escolheu e que passamos a amar também.

"Sim, nós amamos viajar. Para a Antártica. Atravessar o Mar de Drake, ficar várias semanas perto das geleiras. Dizem que tudo lá é branco, mas quando viajamos descobrimos nuances de cores maravilhosas, encantadoras, que não encontramos aqui. Quando o tempo está muito ruim, ficamos dias sem poder ir para o lado de fora do barco. Mas inventamos brincadeiras, jogamos, cozinhamos. Quando o barco balança escorregamos pelo chão com patins improvisados, usando papéis debaixo dos pés. E quando o tempo melhora, que farra – pulamos morros com neve fofinha, construímos casas e esconderijos de gelo. E os *icebergs*, os animais que nunca tínhamos visto? Já sabemos reconhecer as espécies de focas, os lobos-marinhos-antárticos, o krill, que é um camarãozinho que mede menos de quatro centímetros, a base da cadeia alimentar antártica. E claro, os albatrozes, que são as aves de maior envergadura da Terra, os pinguins e as baleias mais lindas do mundo – pense num animal que tem o coração do tamanho de um fusca, e que se aproxima nadando tão devagar que a gente nem percebe!

"Sentimos medo também. Já passamos por uma situação de perigo, na primeira viagem, e a Marininha começou a gritar: vou morrer, vou morrer! É porque ela era muito pequena, tinha cinco ou seis anos. O barco raspou numas pedras que não estavam na carta náutica. Começou a tremer, balançar, e acabou encalhando no gelo, apenas a 30 cm de profundidade!

Que sorte o barco ser de alumínio, se o casco fosse de madeira estaria no fundo do mar. Nosso pai e o Flavio ficaram horas, num grande esforço para quebrar as pedras de gelo e manobrar o barco, até que finalmente conseguimos sair dali.

"Em casa nosso pai é igualmente cuidadoso, meticuloso, impõe uma disciplina danada. Se a gente pede para ele nos levar a uma festa às 10 da noite, por exemplo, e se 10h05 a gente não estiver pronta – não leva mais. É rigoroso com as tarefas que todos temos que fazer, cada um deve fazer sua cama, lavar seu prato. Essa rotina pode ser enervante, algumas vezes, mas adquirimos mais autonomia com regras que facilitam o dia a dia. Com nossa mãe aprendemos a fazer as malas mais leves e eficientes do mundo! Primeira coisa: uma capa de chuva, sempre, isso não pode faltar! Ela nos ensinou que não existe tempo ruim, existe roupa inadequada.

"Nosso pai tem um grande controle sobre as coisas. Antes de sair de casa se informa sobre o nome e número da rua para onde vamos, monitora pelo *tablet* a altura em que fica, qual a melhor rota, quantos quilômetros percorridos. Quando viajamos, cada uma só pode levar um volume, que seja capaz de carregar sozinha. E nunca gosta de ver a gente à toa. Quando passa pela casa e vê uma de nós desocupada, sempre pergunta: por que está zanzando aí? Não tem alguma coisa pra fazer, filha?"

LAURA, TAMARA E MARININHA KLINK
Filhas de Amyr. Estudantes, palestrantes e autoras do livro *Férias na Antártica*.

As filhas brincando no gelo, em Dorian Bay, 2006.

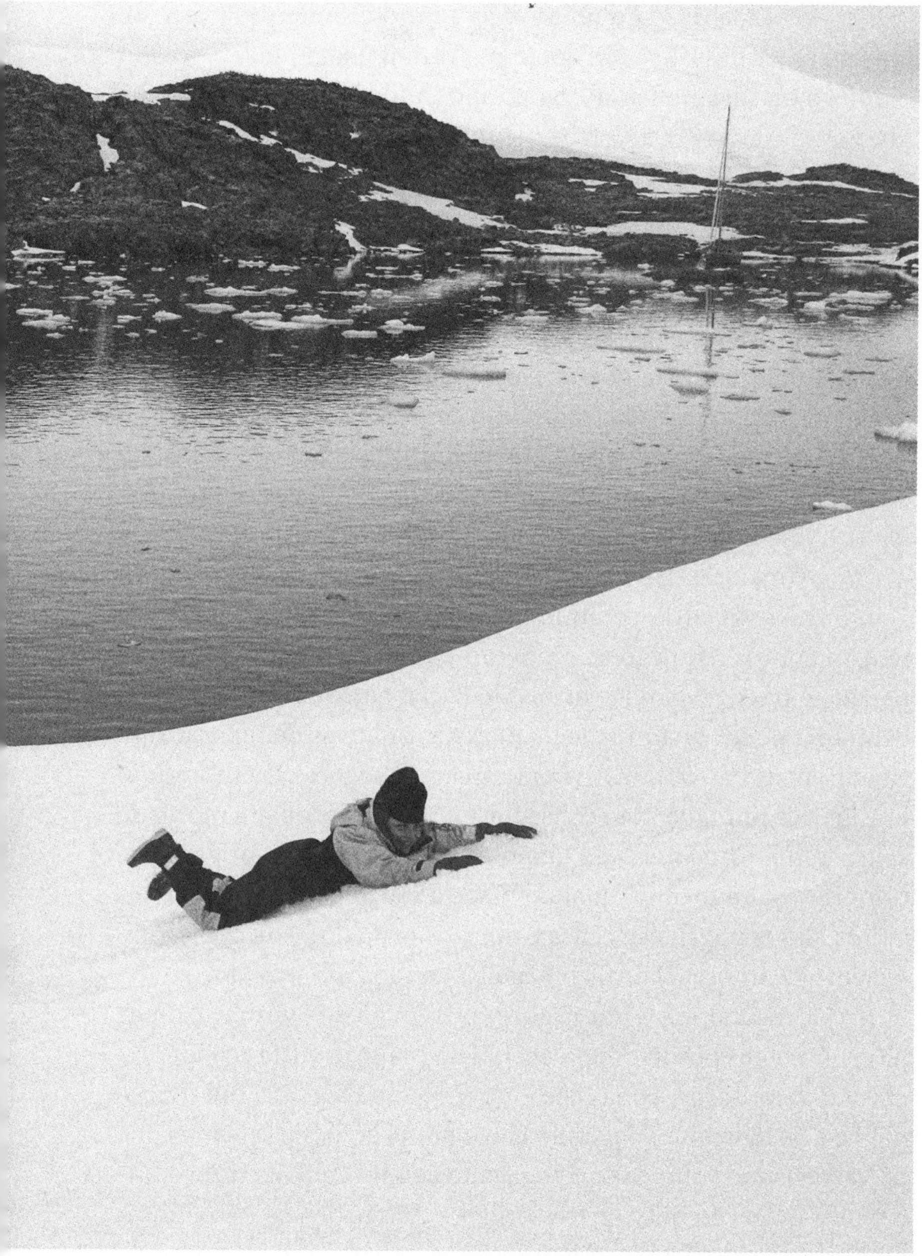

Há uma dose de ignorância muito grande no Brasil sobre as atividades e efeitos que envolvem o uso do mar. Quando montei a marina em Paraty, há 20 anos, todo mundo dava risada. Mas você é louco? Os barcos vão pagar para ancorar num píer flutuante, quando podem parar de graça em qualquer boia amarela, dessas que ficam próximas da praia? Só que essa marina prosperou, devagar mas prosperou, e hoje é parte da atividade econômica mais importante de Paraty, abrigando 300 embarcações e empregando 600 pessoas. Mesmo com a recente crise econômica, em que 40% dos nossos clientes quebraram, nenhum deles deixou de guardar seu barco na Marina do Engenho. Se tivéssemos mais 700 vagas, em três a quatro meses estariam ocupadas. Por que não temos? O processo de licenciamento é lento, a burocracia mortal.

A maioria das marinas em Paraty não está regularizada. Tenho uma visão de conjunto: quanto mais concorrentes você tem, maior é o seu negócio. Com um número maior de pontos de parada, é possível ganhar mais circulação entre os barcos, e também uma maior quantidade de diaristas ao invés de mensalistas. Quanto mais barcos em atividade, maior o negócio. O empresário brasileiro é limitado. Não consegue entender. Ele quer a morte do concorrente. Uma verdade que os comerciantes de antigamente compreendiam melhor, quando havia a rua dos tecidos, a rua dos vidros, das ferragens etc. Essa é uma visão madura, de que o crescimento de um setor torna o negócio de cada um mais forte.

Uma marina é um negócio extremamente virtuoso, capaz de gerar efeitos positivos não apenas do ponto de vista econômico, mas também social. Uma baía é um espelho d´água, é um espaço público. Se todo mundo parar o barco numa poita, cada barco parado vai consumir uma área equivalente ao raio da poita dele, o que é muito maior do que o necessário – e não podemos desperdiçar o uso do espaço público. Além disso, se o barco estiver ancorado numa boia amarela, não há como controlar se a embarcação bombear água do porão para o mar – o que não acontece quando ela está ancorada numa marina ou num píer flutuante.

Essa é uma atividade que contamina positivamente toda a região, e caberia em diversos outros lugares do Brasil, mas ainda não é compreendida. A locação de embarcações – charter – em lugares como a França é um negócio muito mais importante do que a hotelaria, por exemplo. Palma de Maiorca, capital das ilhas Baleares, fatura por ano tudo o que o turismo brasileiro não consegue arrecadar no mesmo período. Uma atividade que cabe várias vezes em Paraty – onde podemos construir quatro Palmas de Maiorca e matar esse nosso déficit nas contas públicas.

Por que não existe um programa para estimular marinas no Rio de Janeiro? Por que o carioca só gosta de praia, e não de mar? Intimidade com o mar não se faz apenas na areia, mas na beira de um cais. Com mais de sete mil quilômetros de costa, o Brasil tem uma mina inexplorada. No Rio de Janeiro caberiam hoje 20 mil barcos na água – o que poderia gerar para a cidade muito mais do que a Petrobrás gera para o Rio. O aluguel de embarcações é um mercado que, no mundo inteiro, alimenta a economia urbana, faz as pessoas prosperarem, mas não acontece entre nós.

Quando decidi comprar a fazenda para construir a marina, em Paraty, não tinha a menor noção de onde tirar o dinheiro. Não tinha aquela quantia, nunca tive. Como arranjar o dinheiro em 12 dias? Avisei em casa: "Marina, eu vou para o escritório, se não voltar até o começo da semana estou pendurado numa corda embaixo da escada. Eu não estou brincando, eu preciso achar uma saída!"

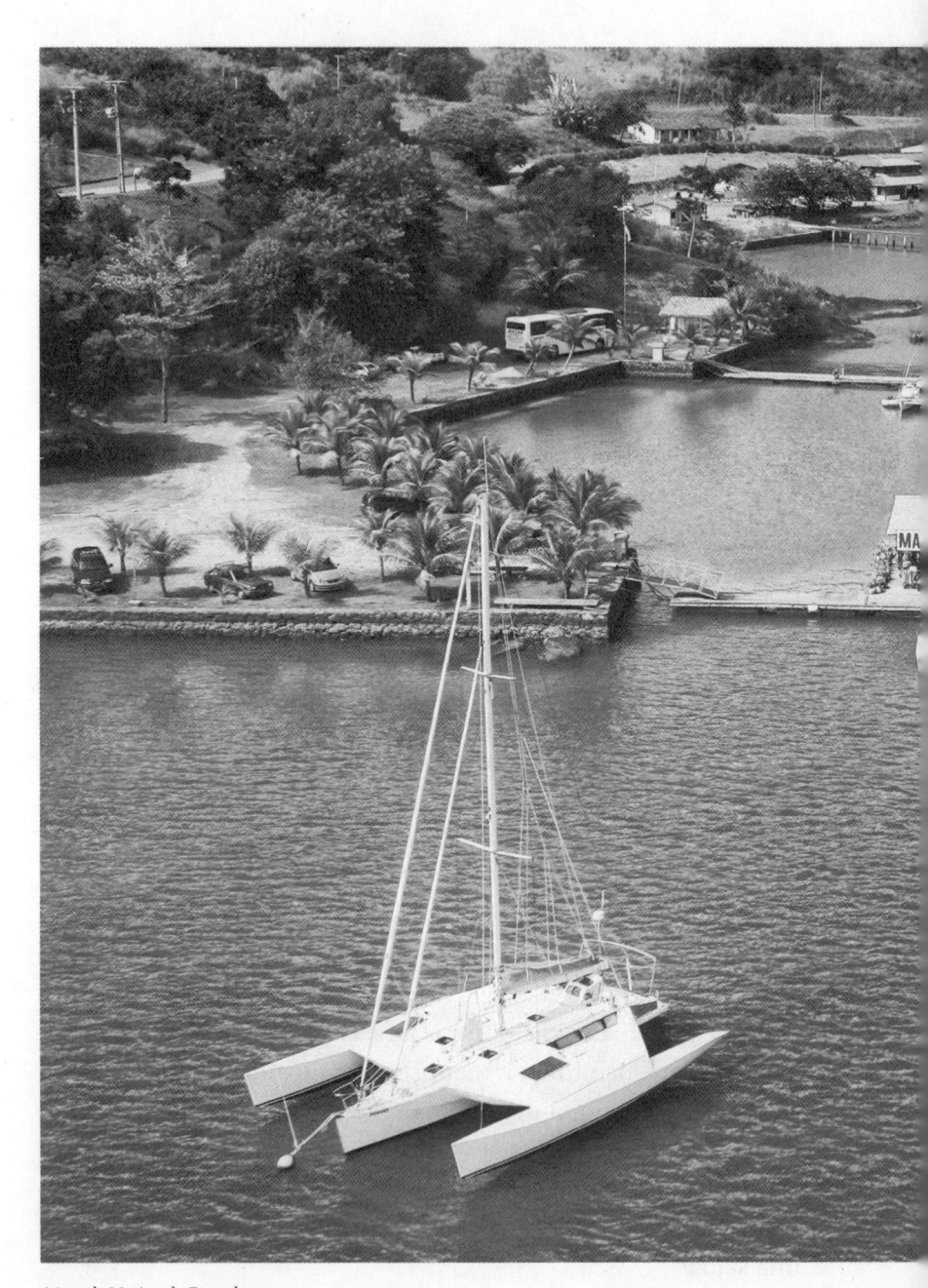

Aérea da Marina do Engenho, 2004.

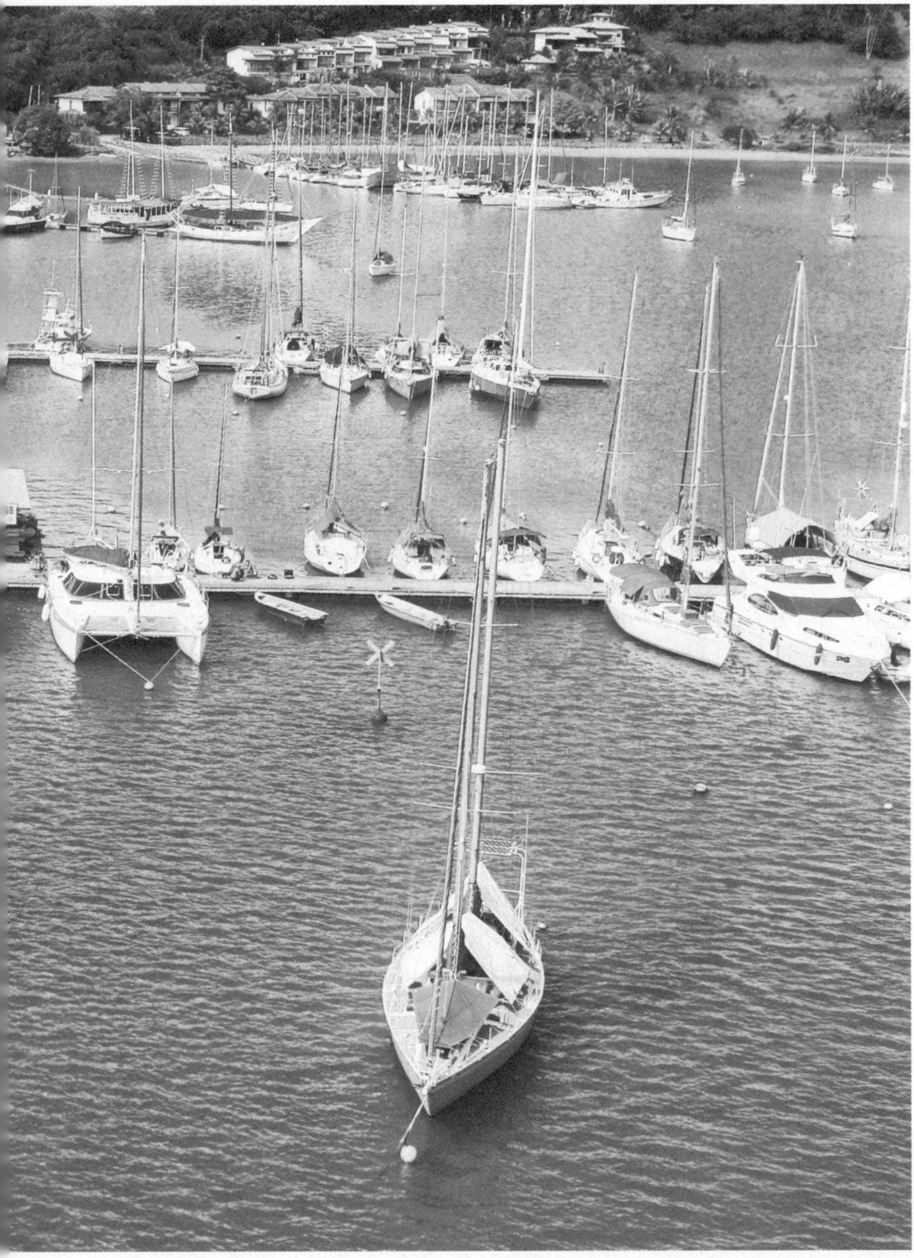

Consegui me desfazer de um barco, mas no último instante a pessoa que iria comprar descobriu que a quantia que eu precisava era menor. Fechamos um valor e fizemos o acordo na palavra. Na hora da assinatura, ela apresentou com um contrato com o valor menor dizendo que havia mudado de ideia. Aceitei, pedi só que corrigissem a minuta. Duas horas depois, mandaram o acordo corrigido, mas com tudo mudado. Com muita calma falei para eles: "queria agradecer o tempo que vocês perderam, mas já achei outra saída".

Pelas dificuldades que temos aqui, pela burocracia, restrição de crédito e tudo mais, de certo modo adquirimos muito mais criatividade e competência para lidar com problemas do que um executivo europeu ou norte-americano – acostumado com um certo grau de certeza e estabilidade. O aspecto mais complicado é nossa falta de qualificação, específica ou técnica. Mas não é um problema difícil de resolver, pois o brasileiro tem uma grande capacidade de aprender rápido.

As pessoas que vão estudar fora descobrem, rapidamente, todas as artimanhas jurídicas, burocráticas, de relacionamento corporativo... Mas quando você encontra um executivo estrangeiro trabalhando no Brasil, percebe uma grande dificuldade dele para compreender problemas tributários, por exemplo, ou para se relacionar com níveis hierárquicos mais altos ou baixos que o seu. O Brasil poderia ser uma grande escola de gestão, se nos empenhássemos mais em capacitar as pessoas tecnicamente.

Nossa capacidade de adaptação não é um mérito nosso, e ocorre justamente porque vivemos num país cheio de transformações. Já trabalhei na Alemanha, em toda Europa, África, e não encontrei a facilidade de comunicação que temos aqui, um atributo extremamente importante para líderes.

O privilégio que tenho hoje não é o de ter navegado, mas vivido num meio em que temos acesso a dados e pessoas surpreendentes. A comunidade científica tem muito ainda a evoluir, e precisa interagir com as comunidades locais. Os cientistas tendem a olhar o problema num laboratório, e muitas vezes encaminham uma legislação utópica, ou irreal. É muito importante equilibrar os dois lados do conhecimento. Precisamos determinar padrões de legislação que pensem no futuro. Se continuarmos a fazer o que estamos fazendo hoje, pode ser que não aconteça nenhum desastre, mas é possível que estejamos à beira de uma catástrofe iminente – o grande risco é a falta de conhecimento.

Vivemos uma situação complexa no Brasil, relativa aos bens da União. Aos nossos grandes patrimônios. São bens da nação, mas também do planeta. Não podemos pensar só no Brasil. Depois que você viaja por várias latitudes e anda por todas as longitudes, passa a ter uma visão diferente. O Brasil não é o meu país. A Terra onde a gente mora é o meu país. Esse tipo de ufanismo que traz a questão para sua bandeirinha, para o seu time, não funciona. O brasileiro está preocupado apenas com sua casinha, sua calçada, sem olhar de forma mais ampla para sua cidade, seu continente. Essa é uma das experiências que adquirimos quando passamos longos períodos num barco. Não basta só você cuidar da sua parte, cuidar do seu beliche. É preciso se preocupar com o bem estar de seu colega, de seu vizinho, do todo.

Como cidadão exijo um plano de negócio para esse país. Precisamos que o Estado detenha o monopólio da exploração e distribuição de bens como o petróleo? Não, a riqueza nossa é o que o petróleo produz. Sua atividade pode ser dividida em vários segmentos, e a exploração, extração, distribuição do petróleo – pode ser ucraniana, chinesa, norueguesa, desde que seja feita com zelo, que ninguém roube ou superfature. É um setor estratégico que demanda capital intensivo, onde é preciso haver excelência, ética, extremo rigor financeiro. A Venezuela se acomodou com a riqueza natural subexplorada, e agora se afunda numa crise vendendo seu petróleo por nada.

A gente tem uma certa facilidade de falar de um mundo que só vê nos canais de TV ou em imagens nas telas de computador – e o que considero importante é conhecer esse mundo. Viajar e ver, de perto. O ser humano hoje precisa ter uma experiência autêntica na sua vida – isso é que está faltando. Os jovens têm preguiça, voltamos a viver numa época em que o moleque fica anos pendurado no colo do pai, da mamãe. Quando eu era jovem, isso era uma vergonha. O que eu mais almejava era sair de casa, construir coisas, construir minha vida de forma independente da família.

Hoje o contexto mudou, você tem muito estímulo para ficar em casa, se aquietar, só vendo o outro moleque se atirando pelo precipício, pela TV. É legal olhar. Mas é importante sentir o cheiro, tocar, encontrar, viver a experiência, fazer parte da foto. A maioria não sai para viver sua própria vida, o que é uma pena.

A gente pensa só em ter a casa, a marca do carro, e esquece que no fundo isso tudo é provisório. Um dia quero ser rico o suficiente para não ter mais nada. Não quero ter casa, nem carro, nem fazenda, nem móveis. Precisamos ser radicais em algumas soluções, se queremos sobreviver como espécie. Não podemos simplesmente mais crescer para as megacidades. O que é importante para uma cidade? É a felicidade, o bem estar. Parâmetros que consideramos poéticos mas não são mais poéticos.

As cidades precisam ser administradas com o foco quase exclusivo na mobilidade? Existe coisa mais estúpida que um carro? Um carro de dois mil quilos para transportar uma família de 400 quilos? Um barco carrega três, quatro vezes, seu próprio peso. Admiro a competência da indústria automobilística, seus conceitos de escala e gestão. É uma indústria que emprega muita gente e tem lá sua beleza. Mas não quero depender de uma indústria só, nesse caso prefiro depender da indústria do desenvolvimento da pitanga. Não preciso ter carro. Eu não quero ter. Quero chamar um carro, usá-lo e me livrar dele quando não preciso.

Amo viajar até a Antártica porque é um continente utópico: não tem dinheiro, não tem bandeiras, não tem patriotismo. É uma situação muito especial na Terra. A Antártica pertence ao planeta, é um lugar que não é das pessoas, é do mundo. Você tem que se curvar, se ajoelhar, diante de tamanha beleza.

Gosto da língua que falo, mas gosto de falar outras línguas também, gosto do entorno onde estou e você só o percebe melhor quando viaja. Barcos de verdade não navegam por acaso, são uma casa dinâmica, uma plataforma para conhecer o mundo. Sempre sonhei fazer não uma viagem – mas uma máquina de viajar continuamente. Com um barco, você não vai apenas atrás do mundo, mas coloca pedaços do mundo, por onde anda, nas janelas de sua casa.

Paratii na Geórgia
do Sul, em 1998.

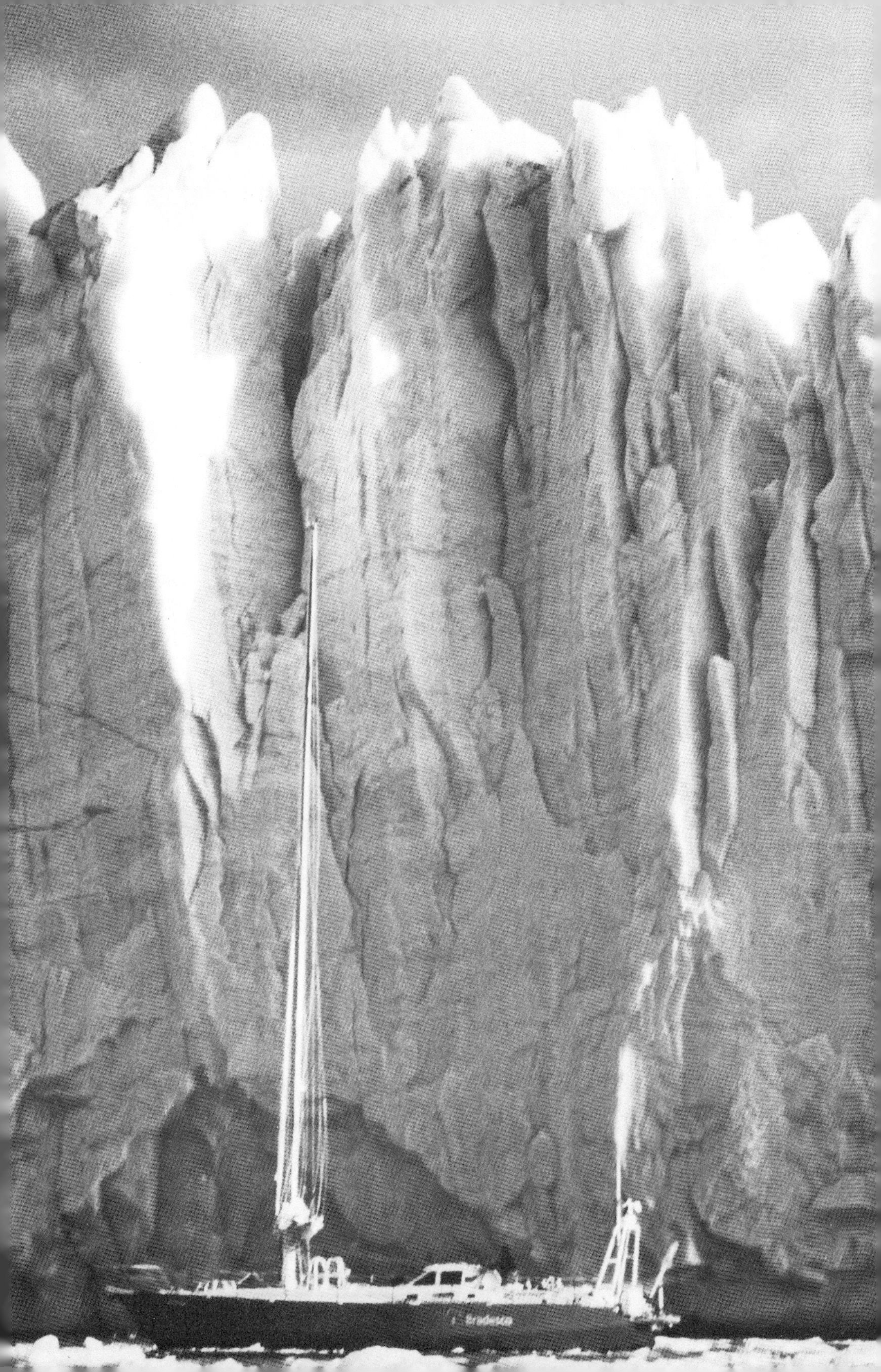

Velejando com Marina em Paraty.

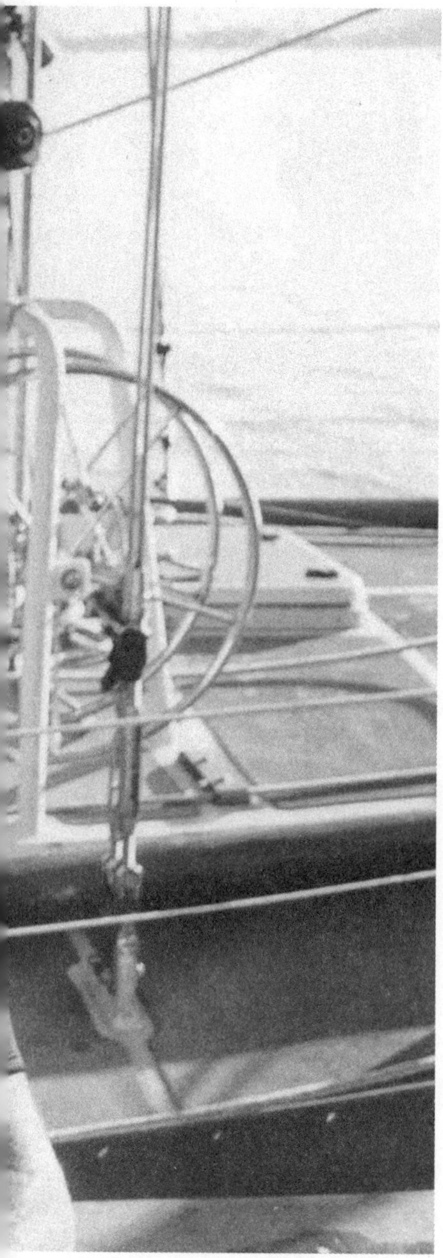

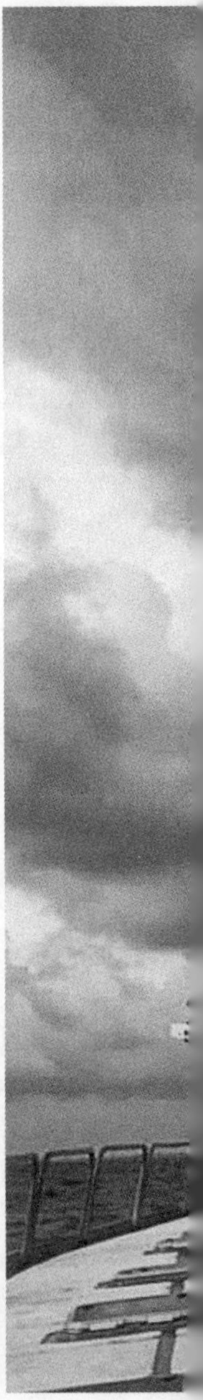

Com amigos a bordo do *Paratii 2*, chegando a Cabedelo, 2016.

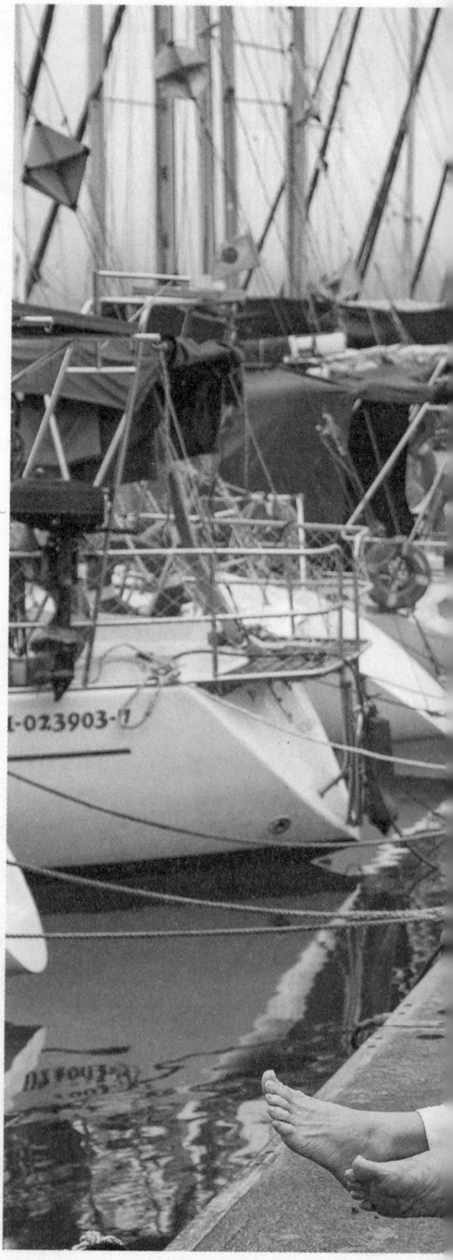
-023903-

Na Marina do Engenho, em Paraty, com a mulher Marina e as filhas, Marininha, Laura e Tamara.

FONTES CONSULTADAS

Livros e Revistas

ALCÂNTARA, Eurípides. "A aventura de Amyr Klink no Polo Sul". Revista Veja, ed. 1176, 3 abr. 1991.

ALMEIDA, Sergio; KLINK, Amyr. Gestão de sonhos, riscos e oportunidades: entrevista de Amyr Klink a Sergio Almeida. Salvador: Casa da Qualidade, 2000.

ALVES, Paulo. "Travessia heroica". Revista Veja, ed. 838, 26 set. 1984.

HEIN, Ronny. Amyr Klink mostra o rumo. Forbes, nov. 2013.

JUNQUEIRA, Eduardo. "A última fronteira". Revista Veja, ed. 1590, 24 mar. 1999.

KLINK, Amyr. Cem dias entre céu e mar. São Paulo: Companhia das Letras, 2005.

—. Construindo o futuro. Rio de Janeiro: Plano Estratégico Light, 1998.

—. Linha d'água. São Paulo: Companhia das Letras, 2006.

—. Mar sem fim: 360 graus ao redor da Antártica. São Paulo: Companhia das Letras, 2000.

—. Paratii: entre dois polos. São Paulo: Companhia das Letras, 1992.

—. Os portos do mundo e o porto do Rio. Rio de Janeiro: Qualitymark Editora, 1995.

KLINK, Laura; KLINK, Tamara; KLINK, Marininha. Férias na Antártica. São Paulo: Peirópolis, 2014.

SCHIO, Adriana; KRATZ, Vivian. "Homem do mar". Revista INSIDE, ano 5, n.10., abr.2016.

Audiovisual

#24 E #25 | Amyr Klink, parte 1. Produção de: #SAL. Disponível em: https://www.youtube.com/watch?v=FKLxyouO9d4 Acesso: 21 out. 2016.

8 SACADAS que eu aprendi com Amyr Klink. 2015. Disponível em: https://www.youtube.com/watch?v=tmxEHa2AIpk Acesso: 21 out. 2016.

AMYR Klink – 20/04/2015. 2015. Disponível em: https://www.youtube.com/watch?v=baTauscbynI Acesso: 21 out. 2016

AMYR Klink: Cem dias entre o céu e o mar (Globo Ciência). Disponível em: https://www.youtube.com/watch?v=99vd7MCUUJI Acesso: 21 out. 2016

AMYR Klink: Como encontrar soluções criativas para os problemas. 2015. Disponível em: https://www.youtube.com/watch?v=1CEPjzeqKHw Acesso: 21 out. 2016

CONTINENTE Gelado com Amyr Klink: vol. 1 e 2. Produção de: National Geographic. Brasil, 2006. 91 min. DVD.

DRÁUZIO Entrevista | Amyr Klink. Disponível em: https://www.youtube.com/watch?v=mBoYpZENz2Y Acesso: 21 out. 2016

EM BUSCA de Novos Caminhos: Palestra Magna de Amyr Klink. Produção: 24º Encontro de Empresas de Serviços Contábeis do Estado de São Paulo. São Paulo, 2014. DVD.

ENTREVISTA Marília Gabriela: parte 1. Disponível em: https://www.youtube.com/watch?v=oYVF-MPoZso Acesso: 21 out. 2016

FOCO S&C apresenta: Tempo por Amyr Klink. 2011. Disponível em: https://www.youtube.com/watch?v=EO_mSET2N54 Acesso: 21 out. 2016

LIÇÕES de Amyr Klink – parte 1. 2015. Disponível em: https://www.youtube.com/watch?v=pL_DTtreYCo Acesso: 21 out. 2016

MÁQUINA - Amyr Klink (Completo – 01/12/15). 2015. Disponível em: https://www.youtube.com/watch?v=I6Qhjp_sAII Acesso: 21 out. 2016

OCEANA. Disponível em: https://www.youtube.com/watch?v=SmK5ePKeDhw&sns=em Acesso: 21 out. 2016

SEMPRE um papo com Amyr Klink. 2012. Disponível em: https://www.youtube.com/watch?v=IPnMqHbm1W8 Acesso: 21 out. 2016.

Crédito das fotos

Foto de capa – Bruno Senna
Foto de contracapa – Agliberto Lima
Págs. 4 e 5 – Rogério Castilho Custódio
Págs. 8, 9, 10 e 14 – Amyr Klink
Págs. 22 e 23 – Agliberto Lima
Pág. 33 – Marina Klink
Págs. 44 e 45 – Rogério Castilho Custódio
Pág. 56 – Beto Haenel
Págs. 64 e 65 – Acervo Elison Ribeiro
Págs. 68, 73 e 76 – Álbum de família
Pág. 70 – Amyr Klink
Pág. 84 – Mapa com a rota (@direitos reservados)
Pág. 94 – Paul Gunther Schelkle
Págs. 100 e 101 – Marina Klink
Pág. 107 – Laura Falzoni
Pág. 114 – Julio Fiadi
Pág. 120 e 121 – Paul Gunther Schelkle
Pág. 124 – Amyr Klink
Págs. 130 e 131 – Julio Fiadi
Págs. 144, 150 e 151 – Álbum de família
Pág. 162 e 163 – Marco Hurodovich
Págs. 166, 172 e 173 – Julio Fiadi
Pág. 176 – Marina Klink
Pág. 181 – Paulo Correa

Pág. 186 – Marina Klink
Págs. 190 e 191 – Amyr Klink
Págs. 196 e 197 – Julio Fiadi
Pág. 198 – Ashraf Klink, a Cabeluda
Pág. 200 – Marina Klink – No alto Rafael Hellen e Danilo Mesquita; embaixo Enos Galvão, Danilo Delmaschio, Amyr e Igor Alexandre de Souza.
Págs. 202 e 203 – Romulo Fialdini
Pág. 210 – Marina Klink

AGRADECIMENTOS

Não custa nada imaginar o absurdo, como a rota de algumas viagens e o destino de certos livros. Geralmente naufragam – não as viagens, quando planejadas pelo comandante Klink. Para alcançar seu propósito, existir de verdade, livros, travessias, precisam do esforço de muita gente, todo mundo trabalhando contra o relógio, esse objeto que nem existe mais. Enquanto isso, tempo escorrendo e agradecendo ao exército de pessoas invisíveis, nas gráficas, livrarias e estradas, que fazem um trabalho precioso na construção desse "produto" que, esperamos, você esteja lendo.

Sem operários, conhecidos, amigos, funcionários – nem viagens nem livro. Obrigada especial aos personagens das histórias aqui narradas: Hermann Hdrlicka, Fábio Tozzi, Ashraf Klink, Ronaldo Tigrão. À Maria Francisca Seravalli Romboli e Ana Lúcia Simões Correa, que emprestou dois livros singelos, essenciais. À eficiência de Ana Yahn e Soraya Silva. Ao depoimento preciso de João Cordeiro. Ao clique magnético dos fotógrafos Bruno Senna e Agliberto Lima.

E a família Klink? Pois é tudo verdade, elas existem sim e são fabulosas – a começar pelas filhas Laura, Tamara e Marininha, até a mãe Marina, fotógrafa, das mais eficazes produtoras com quem já trabalhei, e não foram poucas... Da minha família de amigos, impossível deixar de citar no calor da hora: Ana Delrieu, Ana Victoria Beloso, Ana Chafir, Alex Botsaris, Valéria Gregório, Eduardo Heck de Sá, o Duda. Abraços aos que me acolheram tão bem, Antonio Felix do Monte e Marisa Castellani, amiga de sempre. Ao André Sturm, o mais doce e competente dos diretores. À minha pituca Beatrice Moss, elegante, incansável. À Maria Luiza e Arsênio Pessoa, mina de ouro.

Copyright @ 2016 por Amyr Klink
Copyright @ 2016 por Isa Pessoa

Capa e Projeto Gráfico
ESTUDIO CRU

Foto de Capa
Bruno Senna

Foto de Contracapa
Agliberto Lima

Revisão
Thais Carlo

1ª edição, 2016 (3 reimpressões)

Todos os direitos reservados no Brasil por
Editora Foz e Tordesilhas, selo da Alaúde Editorial Ltda.
Avenida Paulista, 1337, conjunto 11
01311-200 – São Paulo – SP
www.tordesilhaslivros.com.br
blog.tordesilhaslivros.com.br

K65p   Klink, Amyr, 1955-
        Não há tempo a perder / Amyr Klink; em depoimento a Isa Pessoa – Rio de Janeiro: Foz / Tordesilhas, 2016.
        216 p. : il. ; 23 cm.

        ISBN - 978-85-8419-046-1

        1. Klink, Amyr, 1955- 2. Narrativas pessoais. 3. Viajantes – Biografia. I.Pessoa, Isa. II. Título.

        CDD 910.92

Caminhando em Plenau, na
península Antártica, 2006.

/Tordesilhas /TordesilhasLivros
/eTordesilhas /TordesilhasLivros

Este livro foi composto com as famílias
tipográficas Celeste e Tasse. Impresso para
a Tordesilhas Livros, em 2021.